KB189043

인생을 멈추지 않게 하는 에너지 동력

멈추지 마라
그러면
보일 것이다

멈추지 마라
그러면 보일 것이다

초판 1쇄 발행 2024년 11월 11일

지 은 이 성광모
발 행 인 권선복
편   집 한영미
디 자 인 김소영
전 자 책 서보미
마 케 팅 권보송
발 행 처 도서출판 행복에너지
출판등록 제315-2011-000035호
주   소 (157-010) 서울특별시 강서구 화곡로 232
전   화 0505-613-6133
팩   스 0303-0799-1560
홈페이지 www.happybook.or.kr
이 메 일 ksbdata@daum.net

값 22,000원

ISBN   979-11-93607-62-6   (13320)

Copyright ⓒ 성광모, 2024

도서출판 행복에너지는 독자 여러분의 아이디어와 원고 투고를 기다립니다. 책으로 만들기를 원하는 콘텐츠가 있으신 분은 이메일이나 홈페이지를 통해 간단한 기획서와 기획 의도, 연락처 등을 보내주십시오. 행복에너지의 문은 언제나 활짝 열려 있습니다.

인생을 멈추지 않게 하는 에너지 동력

멈추지 마라
그러면
보일 것이다

성광모 지음

도서
출판 행복에너지

우리는 모두 위기의 연속 속에 살아간다. 기업을 운영하는 CEO로서, 그리고 한 사람의 기술 개발자로서 매일매일 새로운 위기와 마주하게 된다.

돌이켜보면, 필자의 인생은 수많은 위기와 도전의 연속이었다. 그 과정에서 얻은 가장 큰 깨달음은 멈추지 않는 것이 중요하다는 점이다. 아무리 큰 위기 속에서도 계속해서 나아가면, 결국 해결의 길이 보인다는 진리를 배웠다.

이 책『멈추지 마라, 그러면 보일 것이다』는 그런 필자의 삶의 여정을 반영한 기록이다.

1장과 2장에서는 중소기업이 겪는 위기의 본질을 파헤치고, 그 속에서 어떻게 기회를 찾아낼 수 있는지를 이야기한다. 위기는 결코 피할 수 없는 현실이다. 하지만 그 위기를 어떻게 극복하느냐가 한 기업의 운명을 결정짓는다. 여러 중소기업 CEO의 사례를 통해, 위기의 순간에 어떻게 대처해야 하는지를 배울 수 있다.

3장은 필자의 전문 분야인 규소 기술에 관한 이야기다. 규소는 단순한 원소가 아니다. 그것은 혁신의 열쇠이며, 우리의 삶을 변화시킬 수 있는 잠재력을 지니고 있다. 이 장을 통해 규소의 다양한 응용 분야와 그로 인해 발생할 수 있는 혁신적인 변화를 함께 고민해 보길 바란다.

마지막으로 4장에서는 대한민국의 바이오산업에 대한 비전을 제시한다. 코로나19 팬데믹을 겪으며 우리는 바이오산업의 중요성을 새삼 깨닫게 되었다. ㈜바이오드림텍의 사례를 통해, 중소기업이 이 분야에서 어떻게 기여할 수 있는지를 논의하며, 앞으로의 방향성과 비전을 제시한다.

이 책은 결코 한 사람의 성공담이 아니다. 필자의 경험과 통찰을 바탕으로, 누구나 직면할 수 있는 위기를 극복하는 데 도움이 되고자 노력했다.

무엇보다 여러분 모두가 인생의 거친 파도 속에서 멈추지 않고 나아가길 바란다. 그렇게 했을 때, 그 끝에서 여러분만의 길이 반드시 보일 것이다.

— 2024년 10월, 성광모

CONTENTS

서문 **4**

1장 위기 극복의 지혜

1 멈추지 마라 **10**

2 위기에는 이유가 있다 **16**

3 망하는 데도 이유가 있다 **22**

4 사람이 '화'고, 사람이 '길'이다 **28**

5 당신은 인재를 알아볼 안목이 있는가? **34**

6 A회사에 대한 컨설팅 **40**

7 확실한 위기 극복법은 없다 **46**

8 죽으려는 결심으로 살면 된다 **52**

2장 미래를 위한 준비

1 멈추지 말라는 의미는… **60**

2 시작과 끝 **66**

3 위기는 언제나 지금이다 **72**

4 위기는 당연하다 일어서는 게 중요하다 **79**

5 망하는 데도 절차가 있다 **85**

6 인맥 키우기에 알아둬야 할 것들 **91**

7 공감이 필요한 시대 **97**

8 당신의 평온함을 위하여 **103**

3장 기술과 인간

1 새로운 기술에 대한 도전 '규소' 112

2 마음을 끌어당기는 규소 118

3 가짜가 판치는 세상 124

4 수용성 규소를 만나다 130

5 노화와 규소 136

6 면역력 증진의 끝판왕 142

7 만병통치약은 아니지만… 148

8 우주 초기부터 자리한 규소 154

9 도전하라, CEO들이여 160

4장 바이오산업, 미래를 여는 열쇠

1 새로운 도전 168

2 대한민국의 바이오산업 174

3 바이오드림텍의 사명 180

4 몇 안 되는 규소 전문업체 186

5 Si 9.6의 힘 192

6 불법 폐기물로 눈을 돌리다 198

7 환경 정화의 새 대안(1) 204

8 환경 정화의 새 대안(2) 210

9 바이오드림텍의 친환경 기술 216

10 바이오산업의 가능성 222

11 CEO로 산다는 것은 228

출간후기 234

1장

위기 극복의 지혜

1

멈추지 마라

'위기'는 '리더'의 일상이다. 대기업도 세계 정세에 따라 위기에 휘말린다. 물론 기본이 튼튼하기 때문에 무너질 일은 없지만, 그곳의 꼭대기에 있는 사람의 일상이 일반인과 다른 것은 당연한 일이다.

사업을 시작하는 모든 사람들이 대기업을 꿈꾸지는 않겠지만 그래도 최종적으로는 자신의 기업을 후대에 물려줄 수 있는 생존력과 어느 정도의 경제적 기반을 갖추기를 원한다.

실제로 그런 이들도 상당하다. 문제는 그런 이들만 있는 것은 아니다.

중소기업을 창업하는 사람이나 지금 현재 위기를 맞고 있는 사람들과 상담하다 보면 끊임없는 고민을 쏟아낸다.

그들에게 있어서 기술 개발은 문제가 아니다. 평생을 어떤 기술이나 아이템을 만들어온 사람들이다 보니, 사업의 기본 재료인 출발점, 즉 기술이나 무엇을 판매할 것인지는 명확하다.

그리고 파는 방법도 정확히 인지하고 있다.

그다음부터 꼬인다. 처음엔 단순했다. 만들고 팔면 됐다. 영업이 필요하고, 광고가 필요하고, 기술에 대한 투자가 필요했다. 그런데 사람이 늘고, 늘어필자는 사람을 관리하고, 물건을 파는 방법이 변하고, 기술 개발이 느려진다. 잘 팔리는 물건이라고 판단했던 것이 안 팔리고, 또는 들어와야 할 돈이 늦어진다.

직원들의 월급날이 다가오면 입맛도 떨어진다.

처음에 세웠던 계획들은 빠르면 6개월, 늦으면 1년 정도 뒤 대부분 변한다. 왜냐면 우리는 중소기업이기 때문이다.

대한민국의 중소기업 사장은 죄인의 바로미터다. 때에 따라서는 노동자보다 더 을이 될 수밖에 없다. 기업을 운영하기 위해서는 물건을 팔아야 하고, 우리 물건을 사주는 기업에게 혹은 사람에게 고개를 숙여야 한다. 차라리 대중들이 사는 물건이면 좀 덜하다. 납품을 하는 경우엔 중소기업 사장은 납품업체의 과장만도 못할 때가 많다.

"다 때려치우고 싶어요. 어떨 땐 이걸 왜 했나 싶기도 하구요."

대기업에서 연구직을 하다가 휴대폰 부품 납품 업체를 운영 중인 한 중소기업의 A대표는 만났을 때부터 얼굴빛이 어두웠다. 그는 모 대기업에서 13년은 근무하고 새로운 기술에 대한 확신과 함께 퇴직했다. 같이 하겠다는 동업자들을 모으고 은

행의 대출을 어렵게 받아 경기도에 사무실을 냈다. 먹지도 자지도 않고 열심히 제품을 개발했고, 그것을 들고 자기가 근무했던 회사를 비롯 여러 곳을 돌아다녔다. 호감을 보이는 쪽도 몇 있었고, 계약을 진행하려는 곳도 있었다. 정부의 지원금도 받았다.

그게 몇 년 전이다. 지금 그는 위기 투성이다. 최근 납품했던 업체가 계약 만료를 알려왔고, 기술 개발은 더디다. 더디기만 한 게 아니라 돈 잡아먹는 하마다. 은행에서 빌릴 수 있는 만큼 빌렸고, 매달 직원들의 월급을 걱정해야 하는 상황이 됐다. 고소도 몇 건 걸려있다. 퇴직한 사람들이 급여를 덜 받았다고 고소한 것이다. 여기에 사기 사건까지 연루됐다. 난생처음 경찰서에서 조사를 받았고, 억울해서 변호사를 선임했다.

가족도 흔들리고 있었다. 아내와는 별거 상태이며 아이들과도 대화가 끊겼다.

연일 술을 마시느라 몸도 많이 상했다.

그와 만나서 이야기를 듣는 몇 시간 동안 그의 안 풀리는 인생을 들어주기만 했다. 그것이 이 책을 쓰게 된 동기이기도 하다.

그는 말했다. "성실하게 한눈 안 팔고 앞으로만 달린 것 같은데, 돌아보니 앞이 아니라 옆으로도 달리고 뒤로도 달린 모양입니다. 무엇이 어디서부터 잘못된 것일까요?"

컨설팅을 해달라고 해서 왔지만, 그에게 필요한 것은 컨설팅이 아니라, 치료였다. 마음의 치료. 지금 무너지고 있는 그의 삶을 지탱할 어떤 새로운 축대 같은 것 말이다.

두어 시간의 이야기가 끝나고 필자는 입을 열었다.

"멈추지 마세요."

사업하는 중소기업인들이 기억해야 할 것이 있다. 사업을 시작하는 순간부터 위기는 온다. 오지 않는 것이 이상할 정도로 위기는 있다.

사람과 사람이 하는 일이다. 완벽하게 수족 같은 사람은 없다. 믿는 사람에게 뒤통수 맞는 것은 이 계통에서 그리 보기 어려운 일은 아니다. 돈의 흐름도 마찬가지다. 때가 있다. 우리는 그때를 기다리거나, 그때를 당겨오기 위해 뛰어야 한다.

다시 말해 사업을 하는 이가 멈춘다는 것은 극복을 하지 않겠다는 뜻이다. 사업의 위기는 극복될 수 있는 것이다. 다만 때에 따라서는 단순하고, 어떨 땐 복잡하다. 매일매일 체스를 둔다고 생각하면 편하다.

허나 멈추면 안 된다. 절대로 멈춰선 안 된다.

지금 처한 위기를 직시하고 멈추는 순간 편해질 것 같지만, 아니다. 더욱 지독한 지옥들이 닥쳐온다. 멈추는 순간 내 편은 없어진다. 남은 것은 온전히 필자가 감당해야 할 것들뿐이다.

비난은 물론이고, 경제적 책임부터, 각종 고소고발 등의 민

형사상 책임까지….

그 누구의 위로도 없이 순식간에 필자가 어디로 흘러갈지 파악조차 되지 않을 정도로 휩쓸려 가버린다.

모든 현실이 내 편이 아닌, 걷잡을 수 없는 속도로 폭포를 향해 밀어댄다. 그것을 감당하고 난 뒤에야 일어설 수 있는 상황이 된다. 우리가 흔히들 사업에서 7전8기로 성공을 거둔 사람들은 바로 그런 고통들을 지독하게 여러 번 감당하고 난 사람들이다.

나 역시 그런 패배와 실패를 여러 번 경험했다.

그렇기에 이 자리에서 필자가 하고자 하는 이야기는 명확하다. '포기하지 않고 완주하는 방법'이다.

포기하는 것은 쉽다. 또 유혹도 크다. '지금 놓아버리면 숨 좀 쉬지 않을까?', '조금만 쉬었다가 다시 시작해보자', '가족을 돌보는 게 우선이다' 등등.

지금 놓아버리면 숨을 쉴 수 있는 게 아니다. 위기 속에서도 숨은 쉰다. 위기는 극복하지 않으면 사라지지 않는다. 절대로 그것은 자연적으로 없어지지 않는다. 필자가 스스로 그 위기의 싹을 잘라내고 밑둥을 도려내지 않는 한 언제고 나를 다시 괴롭히게 마련이다.

그래서 필자는 사업을 추진할 때 맞이하는 모든 위기에 대해 "본질적인 것을 보라"고 말한다.

사업의 위기는 수십 개지만 간단히 추려서 '사람이 문제인가?', '물건이 문제인가?', '자금이 부족한가?'로 압축해서 생각하라고 권한다.

　문제를 풀어 나가는 것은 꼭대기가 아니다. 밑에서부터다. 모든 것의 본질. 지금 당장 막을 돈이 없어서 고민인데, 무슨 본질이냐고 묻는다면, 어떻게 어떻게 해서 지금 불을 끈다고 그 불이 재발하지 않으리라는 보장은 절대 없다. 화근을 없애는 작업이 중요하다. 정확히는 화근이 무엇인지를 알아야 한다.

　아까의 A대표에게 한 말은 거기서부터 시작한 것이다.

　"멈추지 마라. 사업의 위기는 사업에서 극복해야 한다. 그렇기 위해서는 문제의 근원부터 알아내보자. 지금은 복잡해 보이지만 찾아나가다 보면 몇 가지로 압축될 것이다."

위기에는 이유가 있다

A사장은 서울대를 나왔고, 곧바로 대기업에 들어갔다. 교우관계가 활발한 사람은 아니었지만, 괜찮은 사람들과 연을 맺고 살아왔다. 살인적인 대기업의 업무 스케줄을 버텨내며 자신의 사업을 계속 꿈꿔왔다.

당연히 시작할 땐 희망과 가능성이 넘쳤다. 1년이 지나고 3년이 지나고… 사람들도 늘고 가능성은 현실이 됐다. 그러다 어느 순간 정체되더니 갑자기 후퇴하기 시작했다. 직원들은 계속 그만두고 새로운 사람은 들어오지 않았다. 영업도 예전만 못하고 한때 수십억에 달하던 매출은 떨어지기 시작하더니 얼마전엔 가장 큰 납품업체에서 계약만료 결정이 내려졌다. 재계약은 기존의 조건보다 더욱 높았고, 그대로 하자니 회사 존폐까지 걱정해야 할 처지가 됐다.

필자는 먼저 회사의 구성도를 파악했다. 어느 자리에 누가 있고, 그 사람이 대표와 어떤 관계인지, 그 밑의 부하직원들은 어떤 사람들인지 차분히 시간을 들여 분석했다.

결과는 전형적인 망해가는 중소기업의 구성을 띠고 있었다.

먼저 창업멤버는 상위에 자리하고 있다. 이건 당연한 일이다. 창업멤버 6명은 A대표와 학교 동문이거나 전 직장의 선후배였다. 이들은 막대한 급여를 받으며 한자리씩 차지하고 있다. 허나 그들의 업무량은 급여에 비해 현저히 적었다. 그 정도의 위치에 있는 사람이라면 기술 개발이 아닌 이상 회사의 발전을 위해 영업을 하든, 바운더리를 넓히든, 무엇인가를 해야 했다.

하지만 대부분 기술 개발직이었던 그들은 기술개발은 아랫사람에게 맡기고 최종 보고를 받으면서 그 외의 일은 지지부진했다.

그들의 업무량이 적다는 것은 다른 누군가가 자신의 업무 이상의 것을 더 맡아야 한다는 의미였다. 더욱이 마인드도 문제였다.

상담을 위해 임원들과 인터뷰를 실시했다. 한 임원은 첫 대면부터 "뭐 이런 것을 하냐."고 심드렁했다. 그와 한 시간 정도 이야기를 했을 때 기억에 남은 말들은 아래와 같았다.

"우리가 막 시작할 때는 이러지 않았다."

"직원들 월급 누가 주나? 그런데 제 역할을 못 한다."

"이 회사 이렇게까지 온 것도 다 우리 창업멤버 덕이다."

다른 임원들도 마찬가지였다. 그들은 그만두는 직원들에 대해 "배가 불렀다. 요즘 같은 취업난에 직장 알기를 우습게 안다."고 평했으며, "우리 때는 밤낮없이 일했고 회사 키우는 데 청춘을 바쳤다."고 말했다.

한 가지 더 특징이 있었다. 그들은 실무현장의 이야기, 누가 어떤 사원이 무슨 일을 맡아서 얼마의 시간을 들여 결과는 냈는지는 모르지만, 실적보고서는 달달 외워서 말했다.

즉, 그들은 사람이 아니라 보고서만을 보고 있던 것이다.

모두가 그런 것은 아니었다. 영업을 총괄하는 한 임원은 "위기죠. 정말 위기입니다."라고 말했다. 그는 "이 조그만 회사에도 파벌이 있어요. 뭘 나눠 먹을 게 있다고 누구 편이니 어쩌니 하면서 매일 싸우죠."라며 "위기라고 말은 하면서도 그 위기가 다른 사람 때문에 생겼다고 말하죠. 그렇게 싸우는 동안 일에 치인 아랫사람들은 죽어나가는 겁니다."라고 고개를 숙였다.

물론 이 회사가 그렇게 질 나쁜 회사는 아니었다. 매년 새로운 프로젝트를 계획하고 시스템 변화도 추진해왔다.

하지만 대표의 의지와 달리 금세 시들어버렸다.

일선 부장의 이야기를 들어보면 바로 알 수 있었다.

"원래 하던 대로 해야죠. 새로운 것 도입해서 언제 적응하고 움직입니까. 그리고 그 새로운 시스템이 성공한다는 보장이

어딨나요. 대표님도 아시면서 왜 이러시는지….”

한 과장은 말했다.

“새로운 아이템을 제시했더니 위에서 ‘실패하면 네가 책임 질래?’라고 말하더군요. 그다음부터는 고민하는 것을 멈췄습니다. 그뿐만이 아닙니다.”

그 과장에게는 동기가 3명 있었다. 이 중 1명은 위에서의 반대를 무릅쓰고 개인 시간을 내어 새로운 프로젝트를 추진했고, 그것이 베트남 수출로 이어졌다. 대표는 크게 기뻐했고 포상을 내렸다. 그런데 그 포상은 해당 프로젝트 책임자가 아닌 그 위의 임원들과 부장이 가져갔다. 가장 반대를 많이 했던 이들이었다. 이 이야기는 과장의 말이어서 진위를 파악하기 어려웠지만 대부분의 망해가는 중소기업에서는 흔한 일이다.

대표의 귀가 측근에만 열려있기에 발생하는 일이다. 당연히 과장의 동기는 사표를 썼다.

그 동기를 따라 밑에 있던 능력있는 인원들도 떠났고 업무는 마비가 됐다. 새로운 프로젝트는 더 이상 나오지 않았고 나와도 동력을 잃었다.

사람들을 뽑지만 일하는 시간에 비해 급여는 현저히 부족했다. 이른바 1,000만 원 일을 시켜놓고 100만 원만 주는 식이었다.

그래놓고도 “최저 임금 이상을 지불한다.”고 말했다. 열정 타령도 여전했다.

마지막으로 인터뷰한 직원들은 "열정 이야기 좀 그만했으면 좋겠다."고 말했다. 그들은 "회사원은 승진과 급여가 생의 목표이자 전부다. 그것을 묶어둔 채 열정이니 주인의식이니 하면 누가 듣겠나."라면서 "애사심도 회사를 사랑할 이유를 주면서 요구해야 한다. 회사가 사랑스럽지 않은데 애사심이 생기겠나."라고 반문했다. 중간관리직들의 갑질도 감지됐다. 과장급들은 입에 반말을 달고 살았다. 반말도 그냥 반말이 아니라 직원들을 향해 "야", "너" 등이 대부분이었다.

이상한 회식도 줄을 이었다. 돈이 어디서 나오는지는 모르겠지만 각 부서별로 주에 두 번씩은 회식이 이뤄졌다. 회사가 엎어질 위기라고 대표는 걱정하고 있는데 말이다.

컨설팅을 위한 면담을 진행하면서 필자는 이 회사의 첫 번째 문제점을 알 수 있었다. 단순히 생각하면 임원들의 문제라고 생각하겠지만 아니다.

대표의 문제였다. 본인은 여러 계통의 이야기를 듣고 있다고 이야기했지만, 그는 듣고 싶은 이야기만 들어왔다. 어느 순간 실무에서 눈을 돌렸고, 기술 개발 쪽에 비중을 두면서 부서 간의 알력을 조장해왔다. 충분한 설득 없이 명령 위주로 업무가 진행됐고, 결정적으로 그 어떤 성공의 동기도 부여하지 못했다.

그가 올 초 신년회에서 이런 이야기를 했다고 한다.

"회사가 많이 어렵습니다. 주인의식을 가지고 참고 버티시면 좋아지는 순간이 옵니다. 그때는 고생했던 분들에게 그만한 보상을 해드리겠습니다. 아울러 새로운 프로젝트를 시작할 예정입니다. 각자 좋은 아이디어를 의무적으로 제출해주시기 바랍니다. 여러분들이 노력해주지 않으면 우리는 위기를 극복할 수 없습니다. 다같이 힘을 내 봅시다."

1970년대나 통할, 누구도 공감하지 않는 신년사였다. 심지어 대표는 지난해 신년사에서도 이렇게 이야기했다고 한다. 몇몇 단어만 바뀐 채.

당연하게도 올초부터 직원들의 이탈은 계속 이어져 왔다. 좋은 인재부터 바로바로 빠져나갔고, 그 자리는 아무것도 모르는 나간 인원보다 능력이 더 낮은 직원이 메웠다.

모든 위기는 이유가 있다. 그리고 본질적으로 그 위기는 일차적으로 대표에게서부터 시작한다. 대표는 말했다. "최선을 다했는데, 왜 이렇게 힘들까요?" 이 질문의 답은 '최선을 다하지 않았다.'이다.

3

망하는 데도 이유가 있다

A대표 회사의 문제점은 이것으로 그치지 않는다.

복지체계도 엉망이었다. 가장 중요한 것은 임금이었다. 중간관리자와 신입직원 간의 차이가 100만 원도 나지 않았다. 중간관리자와 간부와의 차이는 50만 원 정도, 반면 임원과 간부 간의 차이는 두 배 이상 차이가 났다. 기형적인 구조였다.

이 중에서도 개발팀은 일반직이어도 다른 부서와 두 배 이상의 급여차이가 났다.

배달의 민족 배달원도 노력하면 300만 원 버는 세상에서 직장을 다니는 회사원의 월급이 최저임금 약간을 상회한다는 것 자체부터가 문제였다. 그런데 인원은 매년, 아니 분기별로 늘리고 있었다. 인원이 나가니까 늘린다는데, 파악해보니 지금 인원의 절반이 없어도 회사는 돌아갈 듯했다. 하지만 구조조정을 할 용기가 없으니 못 하고 있는 것이다. 또한 직원들 역시 의미 없는 잡무를 맡고 싶지 않으니 항상 사람이 부족하다고 아우성이었다.

복지의 경우 식사비는 그 작은 급여에 포함돼 있었다. 직원들은 자신의 돈으로 점심을 사먹는 셈이다. 제대로 된 직원 교육도 언제부턴가 이뤄지지 않고 있었다.

창업 당시에는 새로운 직원들을 교육하는 기간을 두고 집중적으로 가르쳐왔다. 보통 3개월이었는데, 이 과정에서 회사의 비전, 방향, 제품의 성능 등을 충분히 숙지하고 이해했다. 하지만 최근 몇 년은 만들어 놓은 교재를 전달하고 이를 제대로 숙지하라는 이야기가 전부였다.

종종 신입직원들이 무언가를 물어오면 선임들은 "그거 책에 다 나와 있다."고 핀잔을 주는 것이 일쑤였다고 했다. 그도 그럴 것이 선임들도 뭔가를 배운 적이 없으니 그렇게 말하는 것이다.

외부 교육의 경우는 무급으로 바뀌었다. 과거엔 유급이었는데, 회사가 어렵다는 이유로 무급으로 바뀐 것이다.

연차 등은 노동부가 지시한 범위에서 쓰도록 하고 있었지만 내는 것이 눈치 보이게 하는 분위기였다.

회사는 직원들에게 '잘하는 기준'을 제시해야 한다. 그 기준을 만족했을 때 주는 보상도 명확해야 한다. 이것이 동기가 된다. 또한 가족 같은 회사는 성과금을 주는 회사다. 성과금을 주지 않는 회사는 그냥 잠시 머물다가 가는 곳일 뿐이다.

여기에 이 회사의 재무는 대표와 몇몇만 알 정도의 극비사

항이다. 투명한 재무라는 것이 무리일지라도 어느 정도는 공개를 해야 한다.

왜냐면 사고가 터지기 때문이다. 아니나 다를까. 이 회사 대표는 현재 고소고발이 진행 중이다.

대표의 표현에 의하면 매우 가깝게 지냈던 부하직원(이사급)이 자신을 고소했다는 것이다. 대표가 횡령을 했다는 것인데, 자료 등을 이미 경찰에 제출했다고 했다.

대표는 "횡령이라니요. 내 회사에서 필자가 무슨 횡령을 합니까. 금액도 많지 않아요. 회사 명의로 땅을 구입한 것이 전부입니다."라고 말했다.

정황상 고소한 직원은 재무를 담당했던 사람이었고 그는 어떤 이유로 대표와 사이가 나빠졌다. 그래서 평상시 자신이 대표를 압박할 자료를 모아왔고, 이번에 그 카드를 내민 것이다.

바람을 넣은 쪽도 있었다. 라이벌 회사였다. 대표가 송사에 휘말리면, 그것도 횡령이면 진실 여부와 상관없이 타격을 입게 마련이다. 정부 지원부터 각종 인증까지 이때까지 쉬웠던 것이 어려워지게 된다.

이미 이 회사에는 여러 가지의 암운이 깃들고 있는 셈이다.

흔히들 망하는 회사에는 몇 가지 전조가 있다.

첫째, 최근 3년간 재무상태 지표가 매우 흔들린다. 지속적인 당기손익과 부채비율을 보면 바로 알 수 있는데, 상식적으로 이윤창출이 목적인 회사가 자금의 여유가 없고 이익이 지속적으로 창출되지 않는다면, 이는 곧 쓰러진다는 의미다. 다행히 이 회사는 최근에만 손실 조짐이 있었을 뿐 꾸준히 유지는 해왔다. 성장은 하지 못했지만.

둘째, 회사 매출의 주된 사업의 미래성이다. 주력 사업의 미래성은 그 회사의 생명력이다. 사양 산업이거나 시장 점유율이 낮은 사업이 주력이라면 빨리 바꿔야 한다.

이 회사의 경우 독점권에 가까운 기술과 특허권이 있다. 다만 유사 업체들이 최근 몇 년간 생겨나면서 심각한 위협을 받고 있기는 하다.

마지막 셋째가 집단의 지속성이다. 임원이 아닌, 일을 해야 하는 중추 그룹이 몇 명이며 그들 중 최근 퇴사자가 얼마이고 팀장의 직급이 부장인지 차장인지 팀원은 몇 명인지 등이 그 회사의 생명력을 알려준다. 해당 회사는 바로 이 부분에서 심각한 위기 상황을 맞이하고 있었다.

업무마다 촘촘한 보고체계는 존재하지만, 평사원이 부서장과 의견을 나누지는 못하는 곳, '기업의 핵심가치'가 오로지 대표와 임원에게만 의미가 있는 곳, 구성원 간의 공감이 현저히 부족했던 곳, 그곳이 바로 이 회사였다.

이는 구글이라는 국제적 회사가 등장하기 전의 회사 형태와 유사하다.

구글은 검색엔진 사이트 중 후발주자였다. 그래서 그들이 택한 것은 '소프트 스킬'이었다.

소프트 스킬이란 전문지식, 기술력 등의 하드 스킬과는 반대되는 개념으로 '팀워크, 커뮤니케이션 등 공감 능력'을 말한다.

그래서 구글은 IT 계열에서는 이례적으로 인문학 전공자를 뽑았고 팀워크를 원활하게 이끄는 직원을 관리자로 올렸다. 이는 큰 효과를 거뒀다. 팀 곳곳에서는 매주 새로운 아이디어가 튀어 나왔고 협업은 빠르게 진행됐다. 피드백도 빨라졌고 방향도 명확했다. 당연히 구글은 알다시피 빠른 시간에 세계 1위로 튀어 올랐다.

직원 간의 '공감'은 21세기에서 회사를 성공으로 이끄는 데 가장 우선해야 할 방법이다. '공감'이 없는 기업은 폐업의 절차를 밟는 것과 다를 바가 없다.

공감의 부재는 대인관계 불화를 만들고 이는 인적관리 소홀로 이어진다. 당연히 높은 이직률이 발생한다. 이것은 곧바로 사업에도 영향을 미쳐 고객 만족도를 떨어트린다.

A대표의 회사가 최근 계약만료를 통보받았던 것도 담당했던 유능한 직원이 이직을 했기 때문이었다. 그것도 한 명이 아닌 무려 세 명이.

A대표는 입버릇처럼 "난 틀리지 않았는데 왜 이렇게 됐을까요?"라고 물었다. 필자가 보기에 그는 '자신이 옳다고 말하

는 순간'부터 틀렸다.

대표가 옳으면 나머지 직원들은 그 옳음에 이의를 제기할 수 없다. 월급 주는 사람이 옳다는 데 누가 그것을 반대할까. 반대가 없는 의견이 계속되면 그것은 혼자 떠드는 것이다.

그래서 A대표가 아무리 혁신과 새로운 프로젝트를 외쳐도 안 됐던 것이다. 프로젝트는 여러 사람의 의견을 모아서 이뤄진다. 이 과정에서는 치열한 다툼도 당연히 존재한다. 다툼은 발전을 베이스로 한 성장통이다. 그런데 이 다툼이 존재하지 않는다면? 그것은 아무리 새롭고 신선하다고 포장해도 '명령'일 뿐이고 대표의 '혼잣말'에 가깝다.

당연한 말이지만 사람은 자신을 존중해주는 사람에게 존중을 보낸다. 또 나아가 나의 생각을 들어주는 사람에게 더욱더 많은 생각을 보여준다.

기업은 대표 혼자 이끌어 가는 게 아니다. 기술 한두 가지로 생존을 영위할 수도 없다. 기업의 운영은 사람의 운영이다. 이 회사의 문제의 50%는 여기서부터 발생했다.

4

사람이 '화'고, 사람이 '길'이다

21세기는 드라마 같은 성공을 볼 수 있는 분야가 한정적이라고들 말한다. 흔히들 IT 계열이나 아이디어 계열, 혹은 식당 등의 유흥 관련이다. 이미 제조업이나 유통업들은 정해진 먹이사슬에서 큰 변화가 없을 거라고도 한다.

과연 그럴까. 100여 년 전에도 사람들은 이와 똑같이 말했다. "새로운 분야가 아니라면 성공할수 없다." 하지만 아주 익숙하고 오래된 분야에서도 새로운 성공자는 탄생했다. 그저 새로운 분야가 좀 더 손쉽게 탄생해 보일 뿐이다. 되려 오래되고 익숙한 분야에서 자리를 잡은 사람들은 쉽게 망하지 않는다. 그 계통에서 살아남기 위해서는 탄탄한 기본기가 필요하기 때문이다.

그리고 그 모든 기본기에는 한 가지 공통점이 있다.

바로 〈사람〉이다. 사업, 즉 경영은 사람과 사람이 일하는 것을 말한다. 경영은 군림도 아니고, 세뇌도 아니며, 어떤 계급을 만드는 것도 아니다.

사람과 사람이 만나서 어떤 목적을 두고 같이 힘을 합치는 것이다. 중소기업 리더들이 가장 많이 하는 착각이 "내 회사인데⋯", "어떻게 만들어 온 회사인데⋯"라는 것이다.

탁 까놓고 이야기하자. 내 회사라는 것은 없다. 나 혼자 만들어 온 회사도 없다. 있다면 그것은 회사가 아니라 매장이다.

기술을 가지고 있다고 해도, 그것을 실현해 낼 기계가 필요하고, 그 기계를 만드는 사람, 혹은 사오는 사람이 필요하다. 관리할 사람도 필요하고 이런 사람들에게 급여를 나눠 줄 사람도 필요하다. 보험도 들어야 하고, 세금도 내야 한다. 관련 계통의 세미나에도 가야 하고, 기술을 통해 만들어진 것을 파는 사람도 필요하다.

모두가 다 사람이다. 다시 말해, 적재적소에 적절한 인원을 넣는 것. 이게 성공하는 가장 빠른 방법이다. 그러나 그게 말처럼 쉬운가. 적재적소를 아는 것도 어려울뿐더러 적절한 인원을 집어넣는 것도 어렵다. 아니 솔직히 그것만 잘해도 이미 훌륭한 CEO다.

A대표 회사의 이야기로 돌아가 보자.

이 회사는 초기 창립자들이 윗그룹이고 그다음 들어온 사람들이 중간 그룹, 최근 몇 년간 들어온 사람들이 아랫그룹이다.

대표가 주로 어울리는 그룹은 윗그룹이고, 잘 내려가봐야 중간 그룹 사람들과 몇 번 어울릴 따름이다. 아랫그룹은 정말 무슨 행사나 있어야 어울린다.

어떤 회사에서 그룹 간의 선이 그어지면 더 이상의 성장은 없다고 봐야 한다. 위는 내려오지 않을 것이고 중간은 올라가려고 애쓰기보다는 기다릴 뿐이다. 아랫그룹은 아예 몇 년 경력 쌓고 나갈 생각부터 한다.

동기가 사라져 버리는 것이다. 동기가 사라지면 이제 기댈 것은 돈이나 복지다. 정확히는 돈이 더 우선이다. 적정한 급여란 CEO가 생각하는 것이 아니다. 외부에서 판단해주는 것이다.

그리고 그런 정도의 급여가 지급되지 않으면 동기도 돈도 안 되는 회사가 된다.

복지란 간단하다. 제때 일하고 제때 퇴근하는 것이 1차 복지다. 이어 쉬어야 할 권리를 충족 시켜주고, 일할 수 있도록 식사를 제공해야 하는 것이 2차 복지다. 우리가 구글이나 마이크로소프트 혹은 대기업, 공무원 같은 복지를 해줄 수는 없다. 돈이 있어도 그렇게 해주기도 어려울 뿐이거니와 그럴 돈이면 중소기업들은 새로운 기술 개발이나, 차라리 임금을 올려주는데 쓰기 마련이다.

그렇다면 정리해보자. 동기도 없고, 돈도 안되는 데다. 복지도 그저 그런 중소기업. 누가 와서 청춘을 바쳐 일하겠는가. 당신이라면 하겠는가?

이때부터 사람은 중소기업 대표에게는 '화'가 된다. 제대로 된 지시를 이행하지도 않을뿐더러 불만이 먼저 튀어나온다. 무언가를 시키면 "지금요?", "제가요?"라는 답변부터 나오게 마련이다.

어거지로 지시를 내린다 해도 생각한 효과의 10분의 1도 돌아오지 않는다.

이게 무슨 소리인지 안다고 손드는 사람도 있을 것이다. 그러면서 현실이 그렇지 않으니 어쩔 수 없다고 말한다.

아니다. 방법은 많다. 큰 폭의 적자 없이 돌아가는 기업에서 모든 이에게 제대로 된 적정한 급여가 돌아가지 않는다면, 그 회사는 사람이 많은 것이다. 사람을 줄여라. 그리고 급여를 올려라.

동기 부여도 사실 별거 없다.

'열심히 하면 승진할 수 있다.'

'올라가면 지금보다 더 나은 삶을 살 수 있다.'

'올라가는 길이 그렇게 어려운 것이 아니다.'

이것이 현실이 되면 큰 동기로 바뀐다. 인간이 가진 향상심을 자극하는 데는 "노력한 만큼 성공한다."는 말처럼 완벽한 것은 없다.

어떤 행위를 단합해서 이득을 얻었다면, 명확한 상을 줘야 한다. 그게 대표가 주는 방향성이고 미래다. 직원들이 대표의 방향성과 미래에 공감하면 기업은 달라진다.

말로는 되지 않는다. 주머니에서 꺼내야 한다. 지금 가지고 있는 재원이 부족하다면 누수의 원인을 찾아라. 그게 사람이든, 그 무엇이든, 누수를 막지 않으면 구멍은 더 커진다.

자, 어느 날 대표가 나서서 회사의 누수를 막고 인원을 줄이지만 남은 인원에게 더 많은 급여를 지급한다. 아울러 계층 간 견고한 선을 부수고, 올라올 수 있는 길을 열어둔다고 가정하자.

직원들의 눈빛이 변할 것이다. 가족 같은 직원은 생각보다 쉽게 탄생되지 않고, 주인 같은 마음을 가진 직원은 아예 없다. 모든 직원을 내 사람이라고 생각하는 중소기업 대표가 있다면 어서 말려라. 내 사람은 필자가 만든 회사에서도 2명 정도가 될까 말까 한다.

명확한 규정을 가지고 상벌을 내려라. 술자리에서 형님, 동생 해도 자본주의 사회에서 매일 치열한 전투를 벌이는 당신에게 규정 없는 직원에 대한 애정은 약점일 뿐이고, '화'일 따름이다.

잘해주지 말라는 것이 아니다. 동기와 돈을 주되, 규정도 주라는 것이다. 이것만 제대로 지켜도 흔들리는 회사의 진동이 줄어들 것이다.

아울러 이 시기에 두각을 드러내는 사람들이 바로 '길'이 되는 사람들이다. 어떤 사람이 나에게 길이 될지 화가 될지는 겉과 이력서만으로는 알 수 없다.

다만 대표인 필자가 방향을 제시했고 그 방향에 따라서 향상심을 보이는 직원이 있다면 나에게 '길'이 되는 직원임은 확실하다.

'화'가 되는 직원은 수도 없다. 그들의 종류도 다양하다. 하지만 후술하게 될 대표로서는 가장 치명적인 재앙인 '배신자' 역시 사람이며, 그것도 가까운 사람이 태반이다.

모두가 처음부터 배신을 생각하지는 않는다. 스스로 능력에 비해 억울한 대접을 받는다고 생각하는 사람들이 배신을 한다. 그렇다면 배신의 원천적인 차단 방법은 배신할 구실을 주지 말아야 한다는 것이다.

옛날 이런 컨설팅을 했을 때, 한 CEO가 나에게 말했다.

"성 대표, 보기보다 순진하시네. 줄 거 다 주면 뭐가 남소? 그러다가 금방 쪽박 차요, 쪽박"

그 대표는 그 후 2년을 못 버티고 회사가 문을 닫았다. 내부의 배신 때문이었다. 회사가 문을 닫은 정도를 넘어 대표는 감옥까지 가야 했다. 막을 수 있는 '화'를 더 키운 게 문제였다.

5

당신은 인재를 알아볼
안목이 있는가?

새로 들어온 직원 중에 곧바로 업무에 투입할 수 있는 인재는 거의 없다. 어느 정도의 숙련 기간이 필요하다. 그런데 회사에서 5년 이상 근무하는 직원들 역시 숙련이 필요하다는 것을 알고 있는 사람은 생각보다 많지 않다.

사람은 복잡하면서도 단순한 면이 있다. 어떤 순간에는 여러 가지를 동시에 할 수 있지만, 어떤 순간에는 한 가지도 제대로 못 하는 경우도 있다.

많이들 들어 보셨을 것이다.

"성공하는 회사는 인재를 키우는 회사다."

인재를 키운다는 것은 무엇을 말하는 것일까. 교육인가? 다양한 업무 경험인가?

이 질문을 뒤집어서 보면 답이 나온다.

'당신은 인재를 알아볼 수 있는 안목이 있는가?'

한 지역 신문사에 이런 일이 있었다. 예나 지금이나 서울이나 지방에서든 기자 되기는 쉽지 않다. 해당 신문사는 지역에서는 역사와 전통이 있는 이름 있는 신문사였다.

어느 해 이 신문사는 수많은 지원자 중 5명을 엄선했다. 지역 출신이지만 서울에서 공부했고, 입사시험 성적도 나쁘지 않았다. 정확히는 그들 중 몇몇보다 더 높은 성적을 받은 지방대 출신의 지원자도 있었지만, 회사의 간부들은 최종적으로 학력에 좀 더 비중을 둬서 그 인원을 뽑았다.

몇 년이 지난 지금, 그 회사 그 기수의 기자는 단 한 명도 남아 있지 않다. 평생을 이 신문사와 같이하겠다던 여 신입 기자는 불과 2년 뒤 결혼해 퇴사했고, 지방대 출신 지원자보다 입사 시험 성적이 떨어졌지만 학력이 높았던 남 신입 기자는 밖에서 갑질을 한 게 투서 형식으로 들어와 퇴사했다. 2명은 그래도 열심히 했는데 기자상을 받고 나더니 바로 다른 신문사의 스카웃 제의에 회사를 박차고 나갔다.

나머지 한 명은 고만고만해서 가장 늦게 남았지만, 업무 미숙으로 질책을 받다가 자존심 때문에 선배기자와 싸우고 퇴사했다.

이런 현상이 이 기수만 가지고 끝났느냐면 아니다. 그것은 시작에 불과했다. 그 기수 위로 제법 괜찮았던 기자 4명 역시 타사로 이직했고, 그 기수 밑으로 뽑았던 아랫기수 역시 대거 이탈하고 지금은 2명 정도밖에 남지 않았다.

회사의 미래자원들이 파탄 난 것이다. 파탄은 미래자원만이 아니다. 결국은 이러저러한 이유를 붙여서 회사의 간부진들도 물갈이가 됐다. 몇은 흉한 모습으로 내쳐졌고, 몇은 알아서 물러났다.

처음 이 이야기를 들었을 때 좀 당황했다. 해당 신문사는 제법 괜찮았고, 인지도도 높았으며, CEO의 마인드도 훌륭했다. 문제는 대표 밑의 상위 간부들과 편집국장의 오판이었다.

이력서의 글자로는 그 사람을 알 수가 없다. 그래서 시험을 보는 것이고, 면접을 하는 것이다.

면접에서 지원자는 어떻게든 잘 보이기 위해 다양한 말을 한다. 때로는 사탕발림도 마다하지 않는다. 생존을 위해서다. 그들은 욕먹을 것이 없다. 당연한 본능이다.

허나 그런 사람을 솎아내는 일을 하는 것이 바로 면접관이고 간부들이다. 인재를 찾아내는 것, 이것이 대표와 간부들이 가져야 할 첫 번째 스킬이다. 그리고 그렇게 뽑은 사람들을 다양하게 배치해서 짧은 시간 안에 그들에게 맞는 자리를 찾아주는 것, 이것이 두 번째 스킬이다. 여기까지만 해도 이미 그 회사는 미래가 밝아지고 있다.

어떤 사람이 인재고, 어떤 사람이 어느 자리가 필요한지는 워낙 다양한 직업들이 존재하다 보니 몇 가지로 꼬집어 줄 순 없다.

잘 모르겠다면, 긍정적이고 열정이 눈에 보이는 사람을 뽑는 것을 최우선으로 하고, 자리에 배치했을 때는 칭찬을 해주는 것이 가장 보편적인 방법이다. 처음 1년은 볼 때마다 관심을 갖고 칭찬을 해주며, 경쟁심과 향상심을 자극하면서 지켜보라. 그러면 그 사람이 지닌 능력이 현재의 자리에 맞는지 맞지 않는지를 알아낼 수 있다. 이것은 관심과 관찰만으로도 충분히 가능하다.

앞서 사람이 화가 되고 길이 된다고 말했다. 나에게로 와서 화나 길이 될 수도 있지만 이미 그런 기운을 가지고 있는 이들도 있다.

면접이란 이런 사람을 1차로 걸러내는 것이고, 배치란 2차로 다시금 골라내는 것이다.

위의 신문사는 여러 가지 실수를 했지만, 첫째는 면접을 보는 간부들이 자신의 눈보다는 서류를 더 의지했다는 것이다. 고학력은 분명히 뽑는 사람으로서는 매력적이다. 하지만 정말 학력이 우리 회사에 도움이 되는 것인지는 냉정하게 생각해볼 필요가 있다. 실제로 이 신문사의 해당 기수의 가장 고학력자인 여 기자가 퇴사 1번이었다. 의사를 만나서 결혼하고 바로 사표를 던졌다.

둘째는 칭찬에 인색했다. 신입 기자들은 대부분 사회부에 배속된다. 신문사의 사회부는 21세기인 지금도 도제 방식이어서 사수인 선배가 후배를 데리고 다니며 가르친다. 문제는 그 방식이 너무 원시적이다. 지적하고 자극하고 화내고 바쁘게 만드는 것이다. 과거엔 이런 것을 버텨내는 것이 당연했지만 요즘은 그냥 그만둘 이유를 주는 것일 따름이다.

그 와중에 선배에게 쌓인 스트레스를 밖에서 자신보다 나이 많은 출입처 사람들에게 호통을 쳐가며 푸는 기자가 있다는 것도 어처구니가 없다. 가정교육의 문제를 넘어 회사에서 제대로 된 사회인 교육을 시키지 않은 것이다. 존중받지 못하니 존중하는 법을 모르는 것일 수도 있다.

셋째는 제대로 된 보상이 없었다. 기자라고 해도 자신이 더 잘하는 분야가 있기 마련이다. 앞서 상을 받았던 두 명의 기자는 그런 케이스다. 잘하고 맞는 분야다 보니 열성을 발휘했을 것이고 상을 탔을 것이다. 그런데 그 영광을 그 기자의 사수와 부장이 가져가 버렸다. 그 기자들이 열심히 한 것을 치하하기보다는 그 어린 기자를 짧은 시간에 그렇게 키웠다는 평이 더 많았던 것이다.(선배와 부장이 나댔던 것도 한몫했다) 아니, 그렇게 잘 키울 수 있으면 본인들이 먼저 상을 타서 증명해야 하는 것 아닌가. 결국 그 상은 두 명의 어린 기자에게 되려 과한 업무와 어려운 아이템으로 쏟아져 왔고, 조금이라도 못하면 '빠졌네', '상 받으니까 뵈는 게 없네' 등의 질책으로 돌아왔다. 이쯤 되면 이들이 여기에 있어야 할 이유를 찾는 게 이상할 정도다.

마지막 넷째는 적재적소에 인원을 배치하지 않았다. 한 명

남은 인원이 부족했다는 말을 들었을 때, 그가 부서 이동을 몇 번이나 했냐고 물었다. 그랬더니 체육에 넣어 놓고 계속 거기에 있었다고 했다. 체육, 스포츠를 좋아하는 기자도 있다. 하지만 싫어하거나 적성에 맞지 않은 기자도 있을 것이다. 이럴 때 알 수가 없기 때문에 부서를 돌려 확인해봐야 한다. 그러나 체육부장은 새로운 기자를 다시 교육시키는 것이 귀찮았을 것이고, 편집국장 역시 인원을 돌리는 데 둔감했을 것이다. 결국 마지막까지 남은 기자 한 명은 견디다 못해 스스로 박차고 나간 것일 가능성이 높다.

이 기수의 몰락은 다른 기수에도 당연히 영향을 준다. 아랫기수가 자신보다 더 좋은 조건으로 이직했다면 윗기수도 '내가 뭐가 부족해서?'라는 생각을 하게 마련이다. 나아가 더 아랫기수는 선배들의 퇴사와 이직을 보면서 다음 차례가 자신이 될 것이라는 생각을 하게 마련이다.

이 모든 것이 젊은 그들이 인내심이 없거나 끈질기지 못하거나 열정이 없어서일까? 아니다. 그 윗사람들의 잘못이다. 그나마 다행인 것은 뒤늦게나마 CEO가 알았다는 것 정도.

6

A회사에 대한 컨설팅

자, 그럼 지금부터는 A회사의 생존법을 정리해서 알려준다.

필자가 A회사의 대표에게 제일 먼저 권했던 방법은 '구조조정'이었다. 이 구조조정의 목적은 '줄 만큼 주기 위해서'다.

노동자들은 급여를 받기 위해 직장을 다닌다. 급여를 받기 위해 상사에게 지청구를 듣고, 하기 싫은 야근을 해야 하며, 먹기 싫은 술을 마시며 회식자리에 끌려 다녀야 한다. 입에도 익지 않는 아부의 말을 하고, 알아서 상사의 눈치를 봐야 한다. 그들에게 있어 급여는 회사와 자신을 연결시키는 안전선이며, 나아가 사회에서 살아가는 이유다.

그런 급여를 제대로 주지 못한다면, 회사에 충성할 이유가 없다. 나아가 회사를 위해 무엇인가를 해야 할 당위성도 없고, 새로운 직장이 구해지기 전까지의 통로일 따름이다.

일한 만큼의 충분한 보상을 해주는 것. 이것이 사람을 붙잡는 가장 큰 핵심이다. 보상이 충분하다고 판단되는데 굳이 이직을 할 필요가 있을까. 익숙한 지금의 직장을 두고 말이다.

그런데 대표 입장에서는 이게 쉽지 않다. 회사 운영비용 중에서도 가장 큰 게 인건비다. 인건비를 퍼 주면 회사가 휘청일 수도 있다. 그래서 구조조정을 하라는 것이다.

A회사는 제 몫을 다하지 않은 인원이 상당했다. 주로 위쪽에 분포돼 있는데, 이들만 정리해도 기존 직원들의 급여는 훌쩍 올릴 수 있었다.

직원의 수는 살짝 부족한 게 가장 이상적이다. 넉넉한 급여만 보장된다면 1인 2역도 할 수 있다. 최소한의 인원으로 최대한의 효과를 뽑아내는 것 역시 대표가 할 일이다. 누수를 줄이고 다른 곳에 물을 뿌리면 된다. 임금을 올리는 게 부담스러우면 성과급을 세게 지급하는 것도 좋은 방법이다. 열심히 1년간 죽어라고 노력했더니 성과급으로 중형차 한 대 정도는 살 수 있는 금액을 받는다면 누구라고 열심히 안하겠는가.

두 번째로는 잦은 소통이다.

대표는 질책은 간부에게, 소통은 직원들과 해야 한다. 직원들과 가까울수록 대표는 직원들의 특성을 파악하기 쉬워지고, 직원들은 자신이 귀하게 여겨지는 것 같아 애사심이 생긴다.

정말 저렴하지만 확실한 복지다. 다만 여기서 소통을 대표의 입을 열라는 것이 아니다. 대표의 말은 최소한이어야 한다. 적절한 위트 한두 개 정도면 된다. 무조건 긍정적으로 답해서도 안 되며 그렇다고 부정어를 말해도 안 된다. 대표의 긍정적인 답변은 곧 약속이 된다. 후일 그 긍정에 대한 적절한 회신이 없으면 말했던 직원들은 배신감까지 느끼게 된다. 그러니 적절한 거리감을 유지해야 한다. 이 거리감은 감정의 거리감을 말한다. 웃고 있어도 냉정하라는 것이다. 감정적이고 싶으면 그나마 오래 같이 보냈던 간부들에게 하면 된다. 그들은 당신을 알기에 어느 선까지는 참고 용납할뿐더러 더러는 이해도 한다.

부정적인 언어를 쓰지 않는 이유는 굳이 말하지 않아도 알 것이다. 대표의 부정어는 곧 그 앞에서 대화를 한 직원의 미래와도 연결된다. 아무리 그렇지 않다고 말해도 느끼는 사람은 다르다. 부정어를 쓸 거면 차라리 그냥 웃으면서 지나치는 게 백 번 낫다.

종합하면 대표의 소통이란 적절한 감정의 거리를 두고 위트 있게 답변하면서도 약속이 되는 긍정적인 말은 최대한 신중하게 하라는 것이다. 일각에서 스포츠나 동아리 활동을 하는 것을 말하기도 하는데, 현실에서는 다 부질없는 짓이다. 어느 누구도 일상 외의 자리에서 대표와 격없이 운동을 하고 싶은 사람은 없다. 그것 역시 업무의 일환일 따름이다.

다만, '같이' '함께'라는 문화를 형성하는 데 필요한 것이 있다면 도전해보는 것은 추천한다. 다만 직원들의 의견을 충분히 반영한 것이어야만 한다.

세 번째로는 맡기되 믿지는 말라는 것이다.

일부 경영론에서는 직원들을 신뢰하고 맡기라고 말한다. 그런데 무지성의 신뢰는 차라리 그냥 회사를 가져다가 말아먹어 달라고 말하는 것과 같다.

일을 맡길 때는 확실하게 어느 정도의 권력을 줄 필요는 있다. 이는 책임감과 동기를 부여하기 위해서다. 직원의 능력이 조금 부족할지라도 업무를 맡긴다면 열정있는 직원들은 잠재력까지 꺼내서 임할 것이다.

더욱이 대표가 준 전권인데 실패를 하지 않기 위해 정말 온 힘을 기울일 것이다. 당연히 이런 경우에는 높은 효과를 볼수 있다. 그러니 일단 맡기면 일이 끝날 때까지는 상관하지 말아야 한다. 나아가 여러 프로젝트 팀을 만들어서 경쟁을 시키는 것도 아주 좋은 방법이다. 각 팀장들에게 전권을 주되, 한팀만을 선정해 성과급을 지급하도록 하면 '아, 내 직원들이 이렇게 까지 열정적이었나'를 피부로 느끼게 될 것이다. 다만 남발해서는 안 된다. 다들 금세 지쳐버리기 때문이다.

하지만 신뢰는 하지 마라. '잘 하겠지'라고 놔두고 세세히 확인하지 않은 채 올라온 결재 서류만 본다면 이미 당신은 나락에 떨어지고 있는 중이다. CEO는 바쁜데 꼭 굳이 다 체크가 필요하냐고 묻는다면, 그거 하라고 그 자리에 있는 것이라 필자는 답변해준다.

일을 맡기되 결과물 대해서는 과하다 할 정도로 검토하라.

내 가족이 아닌 이상 믿을 사람은 없다. 아무리 친하고 가깝고 회사 그 이상의 것을 나눈 관계라고 하더라도 일에 있어서 신뢰는 없다. 성공한 자수성가형 기업가들은 자신의 자식들의 결과물까지 철저히 검토한다.

극히 당연한 일이며, 필수적인 일이다. 무엇보다 총무, 회계 쪽은 분기별로 철저히 검토해야 한다. 정말 속이기 쉬운 곳이기도 하고, 가장 쉽게 썩는 곳이기도 하기 때문이다.

네 번째로는 동기를 주라는 것이다.

지면에서는 밝히기 어렵지만 A회사는 대기업에 납품을 할 정도로 기술력이 있는 회사다. 초기 멤버는 다 명문대 출신들이다. 이들은 출발 당시 분명한 목표가 있었다. 그리고 그 목표를 향해 달렸다. 문제는 당신들만 그 목표를 이해하고 그 목표까지의 거리를 알고 있다는 점이었다. 어떤 회사의 미래를 보고자 한다면 신입사원에게 "당신 대표의 꿈이 뭡니까?"라고 물어보면 된다. 그 직원이 곧바로 구체적인 답변을 한다면 그 회사는 목표를 공유한다고 보면 된다. 목표가 공유됐다면 그 다음은 '필자가 여기에 참여하겠다'는 의지가 있어야 한다.

그 의지는 앞에서 설명했지만 '동참했을 때 나에게 어떤 이득이 오느냐'가 명확해야 한다.

프로젝트의 경우 성공했을 때 성과급을 받을 수 있다든가, 영업을 어느 정도 했을 때는 약속된 금액 이상의 보너스가 지급된다든가, 아니면 인사고과를 잘 받았을 때 승진이 빨라진다든가 하는 구체적이고 상세한 보상이 곧 동기가 된다.

오래전 군대를 다녀온 사람이면 기억할 것이다. 이등병에서 일병으로 진급하면 침상에 앉아서 군화끈을 맬 수 있다든가, 상병으로 진급하면 호주머니에 손을 넣을 수 있다든가 식의 올라갈 때마다 부여되는 내무반의 규율이 있었다. 지금 생각하면 별것 아니지만, 당시에는 그 별 것 아닌 혜택을 받고자 묵묵히 버텨낸 순간들이 있었다. 특히나 기수가 많은 곳에서는 기수 중에서 한두 명에게 휘하의 부하계급을 지휘를 할 수 있는 권한을 주도록 해 동기 간에 경쟁을 시키는 곳도 있었다. 이것 역시 동기 부여의 한 면이다.

마지막으로는 칭찬을 자주하라는 것이다.

사람에게 칭찬은 살아가는 의미다. 누군들 욕먹고 살고 싶겠나. 잦은 칭찬은 사람의 어떤 나쁜 마음도 금세 수그러뜨리고 나아가 상대를 신뢰하게 하는 마력이 있다. 특히 대표의 칭찬은 그 직원의 충성도를 높이는 데 아주 큰 역할을 한다. 칭찬을 아낄 이유가 있나, 돈이 드는 것도 아닌데. 해줄수록 이득만 남는 게 칭찬이다.

7

확실한 위기 극복법은 없다

기업을 운영하다 보면 우리는 필연적으로 호황과 불황을 맞이한다.

그 어떤 기업도 계속 호황을 누리지는 않는다. 그저 완만해 보일 뿐이지. 그렇다. 기업의 위기를 극복한다는 것은 호황과 불황의 갭을 줄이는 것을 말한다.

우리가 만들어낸 상품이 잘 팔리는 순간도 안 팔리는 순간도 존재한다. 그래서 늘 위기는 사라지지 않는다고 대표들은 말한다. 남들이 보기에 잘 나가는 것 같은 기업의 대표도 늘 입버릇처럼 "위기다. 힘들다"를 입에 달고 산다.

사실, 확실한 위기 극복법은 없다.

대부분의 위기 극복은 엇비슷하다.

'운영구조 슬림화', '고정비용의 변동비용 전환', '적극적인 인재 관리', '사업계획 수립시 리스크에 주목' 등이 그것이다.

이 외에도 기업의 상황에 따라 몇 가지가 추가되겠지만 기본적으로는 이 다섯 가지의 범주에서 변형이 이뤄진다.

　필자가 컨설팅을 할 때 가장 먼저 권하는 것은 〈운영구조 슬림화〉다. 앞서 A회사 해결책에서도 이 부분을 제일 먼저 제시했다. 사실 회사를 살리고 죽이는 것도 바로 이 부분에서부터 시작한다. 그러나 단순히 인원을 줄이는 것만으로는 슬림화라고 할 수 없다.

　운영구조의 슬림화란, 총괄적인 재무 전략을 중심으로 한 전반적인 회사의 사이즈 줄이기를 말한다.

　세부적으로 보면 기업의 조달 및 물류체계에 대한 검토, 효율성을 높이려는 노력을 해야 한다. 이를 위한 구체적인 방안으로는 전략적 구매나 안전재고 유지를 생각할 수 있다.

　이어 자산의 집중도 역시 줄여야 한다. 필수적인 자산을 챙기고 이에 대한 수익성을 재검증해야 한다는 말이다. 아울러 불필요한 자산은 과감하게 매각할 수 있는 의사결정이 필요하다.

　〈고정비용의 변동비용 전환〉이란 변동성을 최소화하기 위한 장치다. 쉽게 말하면 고정적으로 들어가는 비용을 줄여서 몸을 가볍게 하는 것이다.

　예를 들어 외부 조달이 가능하다면 그 부분은 과감히 외주로 돌려야 한다. 위기를 극복한 기업들의 사례를 보면 핵심 사업을 제외하고는 인사 부문까지도 외주를 맡기는 경우도 있다.

회사의 생존을 위한 핵심 줄기만 제외하고 상황에 따라 외주로 돌리는 것은 위기상황에 매우 유효하다.

스마트한 성장을 유도하는 것도 필요하다. 위기를 극복하기 위해서는 역설적으로 성장해야 한다. 그러나 무조건 성장은 불가능하다. 그래서 스마트 성장이란 개념이 생겼다.

스마트 성장이란 현재의 자원과 역량을 차별화해 다양한 성장 가능성을 모색하고 이를 달성하는 것을 말한다. 가격 탄력성, 기존 제품의 다양한 가치 창출 등이 그것이다.

가격 탄력성은 쉽게 말해 기존의 제품의 가격을 다운 시킬 수 있는 융통성을 말한다.

기존 제품의 다양한 가치 창출이란 쉽게 예를 들면 김치냉장고를 떠올리면 된다.

김치냉장고는 개발비 및 마케팅 비용에 대한 부담으로 IMF 위기 상황에서도 가격을 내릴 여지가 그다지 많지 않은 상품이었다. 그러나 제조사들은 본래의 기능인 김치 보관 이외에도 야채 및 과일 보관 등의 새로운 가치를 창출해냈다. 기존 제품의 범위를 기존 기능이나 약간의 보완을 커져 확대한 것이다.

이런 것들이 스마트 성장의 기초 개념이다. 이외에도 변동성이 작은 틈새 시장을 발굴하는 것이나, 소비자의 변덕스러운 구매심리에 맞는 새롭고 획기적인 제품, 그러나 기존 제품

보다는 저렴한 제품을 개발하는 것 역시 스마트 성장의 범위에 들어간다.

위기 관리에서 〈운영구조 슬림화〉만큼이나 중요한 것이 바로 〈적극적인 인재 관리〉다.

구조조정을 하는 것도 기술과 현명함이 필요하다. 무조건적인 구조조정은 핵심 인재를 발로 차버리는 것과 마찬가지다. 아울러 가치 창출의 원천이 점차 지식근로자 등 고급 인력으로 전환되고 있기에 한번 놓친 인재는 회사에 상당한 타격을 준다.

그러므로 대표는 늘 조직 내의 핵심 인력을 파악하고 있어야 한다. 구조조정을 할때도 이 파악된 인력은 살려서 같이 가야 하기 때문이다.

이어 핵심인력을 파악했다면 이들에 대한 유지 프로그램을 발동해야 한다. 교육기회 부여, 승진, 경영진 후보자로서의 인정 등이 그것이다.

핵심인력 파악과 더불어 한계인력에 대한 합리적인 관리 방안도 가지고 있어야 한다.

한계인력, 즉 저성과자들에게는 그들의 성과 수준을 정기적이고 명확하게 알려줘야 한다. '당신의 위치에서는 10을 달성해야 하는데 현재 당신은 6 정도다'라는 명확한 지점을 알려줌으로서 해당 인력에게 긴장감을 부여하고, 추후 구조조정시 어느 정도는 납득할 수 있도록 해야 한다. 인력관리는 인간미를 가지고 하는 것이 아니다. 더욱이 애매한 정으로 대하다간 해당 인원도 망하고 회사도 망한다. 한계인력의 경우 가능한 가지고 있지 않아야 하지만, 가지고 있다면 일단은 본인이 어디의 위치에 있는지를 명확히 주지시켜라. 그것을 통해 그 인원의 숨겨진 역량이 발휘될 가능성도 있다.

〈리스크에 주목〉하는 것도 중요하다. 회사는 사실 거의 매일 회의를 하고 계획을 세운다. 잘되면 잘되는 대로 못 되면 못 되는 대로 미래엔 대한 준비를 한다.

이때 권하고 싶은 것은 목표를 너무 높은 곳에 고정 시키지 말라는 것이다.

위기를 극복하기 위해서 필요한 것은 융통성이다. 때에 따라서는 목표를 과감히 변경해야 한다. 제조업에서 유통업으로, 유통업에서 서비스업 등으로 목표 전환이 손쉽게 이뤄지도록 조직을 말랑말랑하게 할 필요가 있다.

회사에서 있어서 전략방향성은 목표와 연결된다. 목표가 융통성있게 바뀔 수 없다면 전략방향성의 수정 역시 쉽지 않다. 다만 변경된 전략이나 실행계획에 대해서는 전사적 합의가 있어야 조직 내 갈등이나 혼선이 생기지 않는다. 그렇기에 위의 적극적 인력관리와 리스크 주목은 연결된다.

일반적으로 위기의 상황에서 회사의 생존은 리스크 관리 역량에서 생존이 갈린다.

그러므로 현재 사업이 잘 풀리지 않는다면 시나리오 플래닝을 가동해야 한다. 시나리오 플래닝은 다양한 위기상황을 정의하고 이에 대한 대응방안을 수립하는 것을 말한다.

시나리오별 경영 계획과 구체적 위기 상황에 대한 비상대응 계획은 언제나 수립돼 있어야 한다. 과하다면 매년이고 적절하게는 3년을 기준으로 시나리오별 대응을 만드는 게 필요하다. 여기에는 회사가 주목하는 가장 큰 원래의 리스크와 앞으로 발생할 가능성이 리스크에 대한 분류별 분석이 있어야 한다. 그리고 이 리스크가 발생했을 시 조직이 어떤 방식으로 어떻게 대응하는지도 고민해야 한다.

문제는 이런 준비가 위기 관리에 있어서는 기본편에 불과하다는 것이다. 대한민국에 있는 중소기업은 엄청나다. 그리고 그들의 수명은 결코 길지 않다. 어떤 회사는 여러번의 위기를 버텨내기도 하고, 어떤 기업에 한번에 무너지기도 한다. 설혹 준비를 했다고 하더라도 말이다.

그러니 절대적인 위기 극복법은 없다. 그나마 비슷한 게 있다면 평상시 수시로 조직 유연화와 슬림화, 리스크 관리를 해두는 것이다. 이 정도면 큰 파도 대여섯 번은 버틸 수 있다.

8

죽으려는 결심으로 살면 된다

오랫동안 알고 지낸 한 중소기업 대표가 있었다. 지금은 의약업에 종사하는데 편의상 B대표라고 하겠다.

B대표의 첫 사업은 전혀 예측이 안 되게도 광고 기획사였다. 대학 졸업 후 대형 광고 기획사에서 4년여 정도 근무를 한 그는 혼자서도 충분히 할 수 있겠다는 판단에 가까운 지인들 4명과 함께 서울 근교에 작은 광고 기획사를 차렸다. 첫 사업이 그렇듯 B대표는 열정적으로 일에 임했고 동료들도 마찬가지였다. 처음 1년은 급여 걱정만으로도 머리가 깨질 것 같았는데, 운이 따랐는지 실력 때문이었는지 그는 여러 히트작들을 배출하기 시작했다. 점차 회사는 커졌고 채 5년이 지나기도 전에 그는 60여 명의 직원들과 강남에 사무실을 열고 승승장구하고 있었다.

허나 거기까지였다. 여러 악재가 겹쳤고, 광고비를 떼이기도 하면서 사업은 휘청거렸다. 주 거래 기업들마저도 하나둘

떠났다.

그러자 그를 '천재'라고 부르던 이들의 눈빛이 달라졌다. 친형제 같다고 생각했던 가장 가까운 초기 멤버 중 몇은 이미 살길을 찾아 떠났고, 대표님 만세라며 항상 술자리에 웃던 직원들은 지불하지 못한 급여 때문에 고소고발을 준비 중이었다.

"그들을 탓할 순 없죠. 제가 줘야 할 것을 못 줬으니까."

집은 이미 저당이 잡혔고, 가족들은 살 곳이 없어 뿔뿔이 찢어졌다. 성공하기 위해 달려온 시간과 비교도 안 될 정도로 망하는 것은 순간이었다.

"내 회사를 갖고선 하루 4시간 이상 자 본 적이 없었어요. 잠을 자는 것이 아까웠고, 나중에는 두려웠죠."

사태는 더욱 악화됐다. 결국 모든 것을 다 잃는 것도 모자라 수억의 빚을 져야 했고, 이로 인해 감옥까지 가야 할 상황이었다.

사무실에서 쫓겨난 날 그는 유일하게 남은 재산, 그러나 차압이 잡혀 있는 자신의 자동차를 몰고 강원도 바닷가를 향했다.

어두운 밤을 뚫고 한 바닷가 부둣가에 차를 댔다. 준비해 온 소주를 까고는 들이켰다. 그는 "남에게 폐만 끼치는 필자가 무능력하고 비겁하고 추하기까지 하더라구요."라며 당시를 이야기 했다.

그러다 멍해진 정신으로 검은 바다를 쳐다 봤다.

"여기서 악셀을 밟으면 약간의 고통 이후 편안해지지 않을까."

생각이 미치자 실제로 시동을 켜고 기어를 중립을 한 채 악셀을 밟아봤다. 그러나 차마 앞으로 차를 몰 순 없었다. 결국 한참을 망설이다가 그는 눈물을 터트렸다. 원없이 울고 또 울었다. 그리고는 "죽을힘이 있으면 한번만 더 살아보자."는 마음으로 차에서 잠시 잠을 잔 뒤 다음날 오후에 집으로 돌아왔다.

물론 그에게는 혹독한 일들이 기다리고 있었다. 어찌어째해서 감옥까지는 안 갔지만 한달에 직원들 급여만 2억씩 주던 그는 돈이 없어 동사무소에 접수에 월 50만 원의 생활비를 지원 받기도 했다.

당시 영세민 지원 카드를 받고 "이것으로 밥이라도 먹을 수 있겠다."면서 아내를 다독였다고 한다. 하지만 문제는 엉뚱한 데서 터졌다. 아이들이 다니는 학교에서 영세민 지원자라는 것을 공표한 것이다. 우유와 급식을 국가 지원으로 받는다고 담임선생이 반에서 말해 버린 것이다.

그 결과 아이들은 반에서 거지 취급을 받았다. 놀림감의 대상이 됐고, 따돌림까지 받았다. 우울증 증세까지 보이는 아이들 때문에 그는 곧바로 영세민 지원 신청을 취소했다.

B대표는 그때도 한번 더 험한 생각을 했었다. 그러나 곧바

로 고개를 젓고는 재기를 위한 방법을 강구했다. 절박할 때 도망가는 것이 아니라 정면에서 맞서는 것으로 마음을 다잡았기 때문이다.

　자살을 왜 하게 되는지 그 원인에 대해서 많은 학자들이 연구를 해왔다. 크게 두 가지로 나누어 볼 수 있는데, 하나는 사회학적 견지에서 본 것이고 다른 하나는 정신분석학적 견지에서 본 원인론이다.

　사회학적인 견지에서 많은 연구를 한 대표적인 학자인 에밀 뒤르켐Emile Durkheim(1858~1917)은 개인이 소속해 있는 사회집단에서 개인을 따뜻하게 받아들여 주지 않기 때문에 자살이 일어난다고 했다. 개인이 사회 집단과의 결속이 끊어지면서 생기는 사회심리적 고립현상이 현대사회에서의 자살을 이해하는 데 가장 중요한 요소라고 한 것이다.

　그 다음으로 정신분석의 창시자인 프로이트를 중심으로 한 정신분석에서는 자살을 자기 자신에게로 향한 공격성의 결과로 봤다. 정신분석에 따르면, 한 인간이 사랑과 미움의 상반된 감정을 갖고 대하던 어떤 것을 잃고 나면 사랑하던 감정은 영구히 그 상실된 것에 붙어서 애도·추모하는 마음으로 남지만 증오하던 마음은 그것에서 떨어져 나와 방향을 돌려 자기 자신에게 와서 자기 자신을 미워하게 된다. 즉 공격성이 자신에게로 방향전환을 한 상태가 되는 것이다. 그래서 '나는 가치

없는 사람이다', ' 나 같은 사람은 죽어야 한다'라는 결론에 이르게 되는 것이다.

사업을 실패한 것은 사실 그리 낯선 것이 아니다. 매년 통계는 바뀌지만 컨설팅을 하면서 대략적으로 보면 10개의 새로 출발하는 회사 중 1년을 못 버티는 회사가 5개다. 나머지 5개 회사도 3년을 가는 회사는 2개 정도다.

우리 사회의 구조는 아주 악질적인 대표가 아닌 이상, 사업에 실패할 때 대부분의 고통을 대표가 감수해야 한다. 정말 지독한 고통이다. 채권추심, 주변의 악다구니, 믿었던 사람들의 배신, 가족들의 눈물 등.

그러나 정말로 그것이 목숨을 버려야 할 만큼의 엄청난 것은 아니다. 죽어서 해결 되는 것은 없다. 되려 수많은 사업가들은 대부분 2번에서 3번 정도 실패하고도 재기한 사람들이 더 많다.

자살 위기를 넘긴 어떤 사람은 자살 위험에 처했을 때의 자신의 상태에 대해 다음과 같이 말했다.

"그때의 상태는 우리가 보통 살아가면서 겪는 괴롭고 힘든 것과는 차원이 달라요. 절망 그 자체로, 죽는 것이 나을 것 같다는 생각이 자꾸 들었어요. 자살하는 것만 생각했어요. 그럴 때 옆에 아무도 없으면 정말 위험해요."

죽을 힘이 있으면 일단 주변의 가장 가까운 사람에게 자신의 힘듦을 털어놔라. 사실 스스로 목숨을 버리는 행위는 엄청난 용기를 요한다. 우리 몸은 살기를 원한다. 세포 차원에서 생명 유지를 위해 엄청난 일이 순간순간 일어나고 있다. 그래서 어지간하게 괴로워서는 스스로를 파괴할 수 없다. 즉 대단하고도 엄청난 용기가 필요하다는 것이다.

아니, 그것이면 다시 일어서는 데 충분하다.

B대표는 그 이후로도 한번 더 사업에서 실패했다. 그러나 첫 번째와 달리 금세 일어났다. 지금이 세 번째 사업이다. 다행히 3년을 넘었다. 그는 말한다.

"정말 스스로 죽음을 택한다는 것은 어마어마한 일이고 고통입니다. 그런 고통을 스스로에게 주지 마세요. 살아 있으면 길이 열립니다. 정직하게 달려가다 보면 다시 또 기회는 오니까요."

2장

미래를 위한 준비

1

멈추지 말라는 의미는…

　사업을 시작했다는 것은 수많은 준비와 계획을 반복하고 거기에 수시로 밀려드는 망설임을 딛고 세상을 향해 출사표를 던졌다는 것을 의미한다.

　특히나 첫 사업을 시작하는 대표들은 출발하기 전 완전한 확신을 가지고 출발하는 경우는 거의 없다. 수차례의 고민 끝에 '일단 해보자'라는 마음이 스스로를 움직였을 것이다.

　시작을 꿈꾸는 대표들을 향해 조언을 하자면 엄청난 계획과 반복, 준비를 통해서 일말의 망설임이 없는 시간이 왔을 때 시작하라는 것이다. 수차례의 고민이 아니다. 망설임이 전혀 없는 경지에 오르기까지 점검하고 또 점검하라. 사업계획을 외울 정도로 고치고, 조직 구성의 시뮬레이션을 반복하고 또 반복하라.

　누가 툭 건들기만 해도 쏟아져 나올 정도의 준비를 해라. 그래야 출발하자마자, 앞만 보고 달릴 수 있게 되는 것이다.

나아가 어떤 결정을 할 때도 마찬가지다. 고민을 멈추지 마라. 검토하고 또 검토해라. 일말의 망설임이 있다면 달려들지 마라. 사업에서의 모험은 평생 한 번 있을까 말까 하다. 매번 사업을 어떤 모험처럼 비유하는 사람을 만난다면 피해라. 그는 망했든가, 망할 예정이든가, 망하게 될 것이다. 이것은 여러 번의 사업 실패를 경험한 이들의 고견이며 필자 역시 강력히 주장하는 것이다.

사업은 치밀한 각을 맞추는 작업이다. 섬세하고 예민한 곤충처럼 위기에 대한 감지를 해야 한다. 이것을 탑재해야만 멈추지 않고 앞으로 나갈 수 있는 것이다.

당신을 멈추게 하는 것들은 많다.

C대표가 있다. 현명했고, 대담한 사람이었다. 그러면서 치밀했다. 그런 그도 실패의 쓴맛을 봤다.

시작은 한 장의 서류에 대한 사인이었다. 어떤 사업과 관련해 합의한다는 내용이었다. 솔직히 전혀 내키지도 않았고, 망설여졌다.

허나 사인을 하기 전까지 수없는 압박과 회유, 그리고 종내에는 '별일 있겠어.'라며 스스로를 달래며 사인했다. 주변에서 때로는 지금 결정하지 않으면 안 된다는 압박감에 결국은 사인을 한 것이다. 스스로도 당시에는 그 사안은 대단한 것이 아니었다고 말했다.

허나 그것이 화근이 됐다. 커져가던 사업은 한순간에 굴러 떨어지고, 그에 따른 모든 책임은 C대표가 오롯이 감당해야 했다. 심지어 사인을 종용하던 믿었던 직원 뒤에는 경쟁업체가 있었다. 분명 C대표는 사인을 하기 전 망설였다. 고민했고, 여러 번 판단했다. 그러나 결국은 결정했다. 이것은 사업을 하는 사람들이 절대 가져서는 안 되는 자세다. 하지만 실패를 통해서만 배울 수 있는 교훈이기도 하다.

당신을 노리는 사람들은 생각보다 멀리 내다보고 함정을 판다. 또 여러 번 꼬아 놓는다. 배신자를 심어 놓고 당신 옆에 두게 한다.

모든 이를 의심할 필요는 없지만, 조금이라도 마음에서 내키지 않는다면 거기서 눈을 돌려야 한다. 사업에서 그저 '잘되겠지.'는 존재하지 않는다.

끊임없는 검토와 준비만이 당신의 발걸음을 더 나아가도록 할 뿐이다.

당신의 인생은 생각보다 길지 않다. 실패하고 다시 일어서기까지는 제법 많은 시간이 걸린다. 그런데 실패할 요소들은 너무나 많다.

그러니 사업을 시작하면서 멈추지 않고 나아가려면 눈앞의 이득만 봐서는 안 된다. 후대에게 물려주겠다는 차분한 생각과 끈질긴 마인드를 가져야 한다.

그렇다고 너무 먼 미래까지 설계할 필요는 없다. 세상은 항상 변한다. 더군다나 지금은 21세기다. 무엇이 어떻게 변하는지 짐작조차 안 되는 경우도 많다.

아울러 시장은 항상 옳다. 새로운 시장의 개척은 솔직히 번드레한 말뿐인 경우가 많다. 시장이 형성됐다는 것은 여기에 소비자가 있다는 것이다.

소비자가 있는 곳에 발길을 향해라.

아울러 조언을 구할때는 현장에서 구해라. 필자의 경험으로는 이제 막 대학원을 졸업한 혹은 사업을 해보지 않은 박사들의 조언보다 현장에서 노가대 20년 뛴 작업반장의 조언이 더 명확하고 확실하다.

솔직히 사업의 성공방식은 매우 간단하다.

물건을 사는 사람이 좋아하는 것을 찾아서 그것을 만들어내면 된다. 또 제일 싸거나, 엄청 질이 좋거나, 당신 말고는 파는 사람이 없거나 하면 완벽하다. 하지만 그럴 경우는 전무하며, 설혹 고생해서 만들어낸다 해도 경쟁자와 싸워야 한다.

그렇기에 계획의 반복과 수많은 수정은 필수다. 특히나 사전 시장조사 및 고객분석은 아무리 그 중요성을 강조해도 지나침이 없다. 철저한 사전 분석은 무지막지한 비용을 줄이고 실패의 가능성을 극도로 낮춰준다.

거기에 일말의 망설임이 없을 때까지 고민하고 판단하고 분석해라. 그 후 공격적으로 나가라. 수만 번을 고민하고 고민해서 완전에 가까운 결론은 대부분 당신에게 승리를 가져다 준다.

아울러 절대, 사업을 할 때에는 '가족 같은'이라는 마인드를 버려라.

여러 번 강조하지만 가족 같은 사원은 없다. 가족은 당신이 힘들 때 보상없이 위로하고, 고통도 기꺼이 감내한다. 허나 부하직원은 그렇지 않다. 형, 동생으로 부르고 당신이 원하면 모든 것을 내줄 것 같은 사람이라도 종내에는 당신을 떠나게 마련이다. 당신이 무너졌을 때 말이다.

철저하게 공과 사를 구별해라. 잘하면 그만큼의 보상으로 주고, 못하면 그에 대한 대가를 줘라. 부하직원이 가까워지면 당신을 이용하려 들 것이다.

이것이 너무 편협하다는 생각이 드는가? 위의 C대표에게 서류를 가져다 주고 괜찮은 사안이라고 말했던 것은 C대표를 형님이라고 부르던 간부사원이었다.

최종적으로 그로 인해 C대표는 감옥까지 가야 했다. 서류에 한번 사인을 했다는 이유로 개인적 착복행위를 저지른 사람이 된 것이다.

충성심은 대표가 만들지만 거기에는 어떤 감정도 들어가서는 안 된다. 정확한 보상과 벌만이 존재해야 한다.

나아가 수치에 속지 마라. 수치에 있어서도 신중해라. 총매출은 신기루 같은 것이다. 손익이 최우선이다. 1,000만 원을 벌어 500만 원을 남기는 것과 1억 원을 벌어서 400만 원을 남기는 것, 무엇이 더 나은 것인지는 바로 알 수 있지 않은가.

마지막으로 시작하는 대표들을 위해 조언하고 싶은 것은 절대로 상대를 무시하여 적을 만들지 말라는 것이다. 이것은 외부뿐만 아니라 내부에서도 마찬가지다. 사람은 언제 어디서 무엇이 되어 다시 만날지 모른다. 그러니 누구나 당신보다 세 배는 똑똑하다고 보고 신중해라.

사업은 돈을 버는 것이 아니라, 미래를 만드는 것이다. 그것도 여러 사람의 미래를. 그것을 위해 사람을 활용하는 것이 바로 사업이다. 사람을 상대하는 데 있어 신중함이 없다면, 전쟁터에 팬티만 입고 나가는 것과 같다.

철저한 준비, 토 나올 정도의 고민, 징그러울 정도의 신중함을 통해 망설임 없는 순간까지 버텨라. 마치 낚시를 할 때처럼 모든 신호가 맞춰질때까지 버텨라. 그게 바로 사업 초기의 대표가 가져야 할 태도다. 그렇게 3년 이상을 버텨야 다음 순서로 나아갈 기회가 주어지게 된다.

다시 강조하지만 사업은 돈으로 시작하는 게 아니다. 철저한 준비로 시작한다.

시작과 끝

사업에 있어서 대표는 책임을 지는 사람이다.

지금 사업을 출발하려는 사람이 있다면 이 부분을 가슴 깊숙이 새겨두는 것이 좋다. 왜냐면 최악의 결과를 맞이 했을 때 저 한 문장이 엄청난 무게로 다가오기 때문이다.

대표는 본인이 지시하지 않았어도, 혹은 본인의 의사가 극히 일부만 개입돼 있거나, 아예 그런 지시 자체를 인지하지 못했다 하더라도 책임을 지는 자리다.

즉, 당신이 스스로 대표를 자처하는 순간, 당신은 사업의 규모와 상관없이 사회에서 강자로 분류된다. 사업을 위해 진 빚이 수억 원이든, 손익분기점을 넘었든 안넘었든, 살고 있는 전 재산을 쏟아부었든 간에 당신은 이미 사회적 강자다.

약자는 바로 당신의 직원들이다. 당신의 직원들은 생계를 전부 당신에게 걸고 있는 그래서 당신의 명령에 따르지 않으면 안 되는 사람들이다.

사고나 사건이 직원들의 독단이거나, 직원 간의 트러블로 인한 것이어도 그것은 약자들의 실수일 뿐이다. 그들의 사건, 사고에 대한 책임은 당신에게 있다.

함부로 나가라고도 못 하며, 그들이 당신을 배신하고 돌아서도 당신이 그를 공격할 그 어떤 하등의 무기도 없다.

중소기업 파산의 제1원인이 바로 내부 인력이다. 내부에서 벌어지는 사건 및 배신이 중소기업을 넘어트리는 가장 큰 원인이다. 이 부분은 당신이 노동자와의 마찰로 인해 법원과 검찰, 노동청을 가보게 된다면 알게 될 것이다.

당신은 그 문턱마다 다양한 이유로 죄인이 되고 가해자가 된다. 당신의 의지와 상관없이 말이다. 대한민국 노동법은 노동자에게도 완벽하지 않지만, 중소기업 대표에게는 더욱 잔인하다.

제도적으로 중소기업 사장은 정부로부터 지원을 받는 것보다 정부에게 내주는 것이 많다.

그렇기에 처음의 준비만큼이나 모든 결정의 결과에 대한 책임이 있음을 절대 잊어서는 안 된다. 사업을 진행함에 있어 매번 옳은 결단만 내릴 수는 없다. 때로는 전망이 틀리고 때로는 원치 않는 세계적 경제위기에 휘말릴 수 있다. 그때마다 당신은 수많은 선택에 휘말릴 수 있다.

그러나 눈앞의 불을 막는 데만 집중한다면, 결정에서 오류가 발생할 것은 뻔하고 그것은 나에게 큰 재앙을 가져오기 마련이다.

여러번 강조하지만 대표라는 직책은 책임의 상징이다. 좀 더 냉혹하게 이야기하자면 사업의 실패 끝에 쥐어지는 호칭은 사기꾼이다.

당신이 힘겹게 땀흘려가며, 밤잠을 설치며 쌓아 올린 결과물이 무너져 내리는 아픔도 감당하기 힘든데, 사람들은 당신을 사기꾼이라고 부르고 그것을 처벌하려고 한다.

그렇기에 이제부터 당신이 할 일은 당신의 회사와 관련해서 그 어떤 결정도 반드시 스스로 쥐고 있어야 한다는 것이다. 바쁘다는 이유로, 혹은 직원의 권유로 어떤 작은 사업이라도 결정할 권리를 넘겨주는 순간, 당신은 당신이 고민하지 않고 노력하지 않은 대가를 돌려받게 된다. 넘겨준 사업의 모든 실패를 책임져야 하기 때문이다. 한번도 만져 보지 못한 돈과, 제대로 보지 못한 제품 때문에 당신은 사기꾼이 되고 감옥에 가야 한다는 것이다.

그래서 사업을 시작하거나 확장함에 있어 기억해두자.

'사업의 권리는 양도가 없다. 책임만 있을 뿐….'

당신에게 권리를 양도받은 사람은 정말 행복한 사람이다. 마음껏 저질러도 본인이 책임지지 않기 때문이다. 당신에게 떠넘기면 그만이다.

검찰은 당신에게 "왜 그런 사람을 썼느냐?"고 묻지 않는다. 그저 당신이 모르는 사이에 저질러진 행위를 "왜 몰랐냐? 의도적인 것 아니냐?"라고 물을 따름이다.

사업을 시작하는 것은 사실 어마어마한 의미나 무언가가 있는 것은 아니다. 본질적으로는 행복해지고 싶기 때문이다.

어느 누가 사업을 행복하고자 시작하지, 실패하고 그 대가를 치르기 위해 하겠는가.

그렇기에 사업을 시작할 때는 준비와 숙고의 시간을 갖는 것이다. 실패하지 않고자 말이다. 중간에 좌초 되지 않으려면 이 출발 당시의 준비와 숙고에 대한 마음을 계속 유지해야 한다. 정신을 바짝 차리고 한눈팔지 말고, 멈춤 없이 내달려야 한다.

여기서 멈춤이 없다는 것은 자신이 결정해야 할 것은 절대 누군가에 맡기지 말라는 것을 의미한다.

그래야 중간에 좌초되는 일이 줄어들고, 사기꾼이라는 소리 또한 듣지 않게 된다.

개인적으로 알고 지내는 D대표가 있다. 그가 이런 실수를 했다.

굉장히 침착한 사람이었지만, 사업을 확장함에 있어 벽에 부딪혔다. 자신의 분야가 아닌 건설업에 도전했기 때문이었다. 주변에서 권할 때 분명 돈이 된다고 말했고, 실제로도 가능성은 충분했다. 그는 충분히 검토 후 사업에 뛰어들었다. 하지만 계속 망설임이 있었다.

'내 분야가 아닌데 잘할 수 있을까?'

이 망설임은 결국 현실이 됐다. D대표가 뛰어든 사업에는 여러 경쟁자가 있었고 그중 가장 영향력이 센 업자가 D대표를 협박했다.

"어차피 당신은 안 되니까 그냥 여기서 포기해라."

압박과 협박은 계속됐다. 심신이 피로하다 보니 스스로 '여기서 포기해도 큰 문제가 되지는 않을 듯하다.'고 판단했다.

결국 그는 사업의 권한을 양도했다. 그는 이름만 걸고 수익이 발생할 경우 일정 부분을 나눠가지는 형태였다. 그러나 협박한 기업은 D대표의 부동산을 가지고 사기 행각에 가까운 일을 저질렀고, 검찰이 수사에 들어갔다. 그들은 수사에서 모든 책임을 D대표에게 미뤘다. 처음엔 말도 안 되는 일이라고 어처구니없어 했던 D대표도 점차 칼날이 자신에게 오는 것을 느꼈다.

그 뒤편에는 이 사업을 종용하고, 괜찮다고 말한 데다 타 업체에게 권리를 양도할 것을 은근히 종용한 사람이 있었다. 바로 자신의 부하직원이었다. 결국 D대표는 모든 책임을 다 뒤집어써야 했다. 형언하기 힘든 아픔을 오랫동안 감당해야 했고 모든 것을 잃어야 했다.

D대표는 지금도 그때를 생각하면 아프고, 서러워진다고 말

한다.

"그 한순간의 선택이 지금도 지울 수 없는 기억으로 남아 아프게 합니다. 돌아가면 때려서라도 말리고 싶은 선택, 무엇으로도 보상받을 수 없는 내 삶의 자국의 멍이 여전히 힘들게 하네요."

누구라도 어떤 사람의 인생을 함부로 할 권리 따위는 없다. 허나 이제 막 대표가 된 당신은 사실은 사냥터의 사냥꾼이 아니라 사냥감이라는 것을 기억하자. 발 한번 잘못 딛으면 사냥꾼이 설치한 올가미에 걸려 선택을 박탈당하고 유린당한다.

이 사냥꾼들은 당신이 버둥거리는 것을 보며 자신의 부를 축적한다. 실제로 필자 역시 이런 사냥꾼들이 사업 초기의 대표들을 사냥하는 것을 많이 봤다.

그들에게 한마디한다면 "당신이 행복하기를 원한다면 타인의 삶의 행복 또한 권리이고 권한이라는 것을 잊지 말기 바란다."는 것이다.

참고로 D대표 역시 2년여의 힘든 시간을 거쳐 다시 사업에 복귀했다. 이번에는 확실히 눈빛이 달라져 있었다. 고통을 겪어본 사람만이 가지고 있는 눈빛이었다.

위기는 언제나 지금이다

2022년 대한민국은 매우 힘든 시기를 보내고 있다. 1년 전 3,300포인트를 넘어섰던 코스피 지수는 2,300포인트로 내려앉았다. 또한 2022년 5월 소비자 물가지수는 5.4%로 글로벌 외환위기 이후 13년 9개월 만에 가장 높은 수준이다.

에너지 비용 상승 등으로 당분간 물가 상승 압박은 더욱 거세지고 있다.

여기에 2022년 미 연방준비제도가 두 차례 연속 자이언트스텝(기준금리 0.75%포인트 인상)을 단행했다. 미 연준은 7월 27일 열린 연방공개시장위원회FOMC에서 기준금리를 기존 1.50~1.75%에서 2.25~2.50%로 인상했다.

이에 따라 시장의 우려대로 미국 기준금리가 우리나라 기준금리(2.25%)보다 0.25%포인트(상단 기준) 높아졌다. 한미 기준금리가 역전된 건 2020년 2월 이후 2년 5개월 만이다.

이런 현상은 당분간 지속될 가능성이 높다. 제롬 파월 미 연준 의장이 9월 또 한 번의 자이언트스텝을 예고해서다. 한국은행이 8월 열리는 금융통화위원회에서 기준금리를 0.25%포인트 인상하고, 9월 미 연준이 기준금리를 0.75%포인트 끌어올리면 금리 격차는 0.5%포인트로 더 벌어진다.

경제를 모르는 이가 바도 심각한 문제다. 한미 금리가 역전되면 외국인 자본이 유출될 가능성이 높아서다. 정부는 "외국인 자본 유출 가능성이 낮다."는 낙관론을 보이면서 불안감을 잠재우고 있다. 어찌 보면 대기업들에게는 틀린 말이 아닐 수도 있다. 하지만 우리 같은 중소기업은 어마어마한 대형 파도가 온다는 소리와 다를 바가 없다.

이미 시중은행의 신용대출 금리는 6%를 넘어서 가계와 기업의 이자 부담은 급증하고 있다. 2008년 글로벌 외환위기 이후 14년 만에 찾아온 위기는 대한민국 경제 전반에 걸쳐 상당한 부담이 되고 있는 것이다.

원·달러 환율이 1,300원대를 웃돌고 있는 데다 이미 무역수지도 적자 행진을 이어가고 있다.

대한민국 중소기업의 상당수는 수출에 의존하고 있다. 환율이 목숨 줄인 셈이다. 실제로 원·달러 환율은 7월 5일 이후 1,300원대에서 내려올 기미를 보이지 않고 있다.

올 상반기 역대 최대 규모의 적자(103억 달러)를 기록했던 무역수지는 7월(1~20일 기준) 184억5,400만 달러(약 24조1,193억 원)로 더 악화했다. 시장의 외국인 자본 유출 가능성을 우려하는 이유다.

더욱이 과거 한미 금리가 역전됐을 때는 환율이 어느 정도 방어 역할을 했지만 이번에는 원화 약세가 강하고 경상수지도 악화하고 있다. 한미 금리가 역전되기 전부터 외국인 자금이 빠져나갔다는 점에서 현 상황은 더 걱정스럽기 마련이다.

이와 관련 김정식 연세대 경제학부 교수는 동아일보(2022.06. 29.) 인터뷰에서 "급격한 인플레이션이 금리 인상 불확실성을 키우고 무역수지 적자 확대, 임금 상승 우려로 기업 투자가 위축되고 있다."며 "대기업은 수출 경쟁력이 떨어지고 도산하는 중소기업이 늘 수 있다."고 말했다.

그렇다면 이런 위기를 직감했을 때 우리가 해야 할 일은 무엇일까.

진실 여부는 알 수 없지만 이제는 전설이 된 이야기가 있다.

삼성그룹 창업주인 고 이병철 회장이 고향인 경남 의령에서 농사를 지을 때의 이야기다.

당시엔 논 한 마지기(200평)에 벼농사를 잘 지으면 쌀 2가마니가 생산됐다. 이 회장은 두 마지기를 받아서 시험 삼아 논 한 마지기에는 벼만 심고, 그 옆의 다른 한 마지기에는 벼를 심고 미꾸라지 치어 1,000마리를 사다 넣었다. 논에서 미꾸라지가 생존을 잘하기 때문이었다.

이후 가을에 수확을 해보니, 벼만 심은 논에서는 당연히 쌀

2가마니가 생산됐고, 미꾸라지를 벼와 함께 기른 논에서는 쌀 2가마니 외에 약 2,000마리의 미꾸라지가 잡혔다. 이를 내다 파니 쌀 4가마니의 수익과 맞먹었다.

그 다음해에는 한쪽 논에는 작년과 같이 어린 미꾸라지 1,000마리를 풀어놓았고, 다른 한 논에는 벼를 심고 난 뒤 미꾸라지 1,000마리와 미꾸라지의 천적인 메기 20마리를 풀어 놓았다. 다시 가을에 수확을 해보니, 미꾸라지 1,000마리를 풀어놓은 논에서는 예년과 같이 쌀 2가마니와 굵은 미꾸라지 2,000마리가 생산됐고, 미꾸라지와 함께 메기를 풀어놓은 논에서는 메기들이 미꾸라지를 잡아먹었음에도 미꾸라지가 4,000마리로 늘어났고 메기도 무려 200마리로 늘어났다. 이를 모두 팔았더니 쌀 8가마니에 해당하는 돈을 벌 수 있었다고 한다.

자연은 어려움이 닥치면 되려 생존본능이 강화돼 번식이 활발해진다. 또 강인해진다. 기업 역시 마찬가지다. 위기가 닥쳤을 때 더욱 격렬히 맞서는 기업은 위기를 극복하면 훨씬 더 강해진다.

중소기업을 운영하는 사람들은 안다. 위기는 항상 '오늘'이었다. 어제도 아니고 내일도 아니다. 오늘이 위기다. 왜냐하면 오늘 대비하지 않으면 내일 무너지기 때문이다. 아울러 어제 대비했기에 오늘 살아남은 것이다.

많은 기업들을 컨설팅하면서 느끼는 것은 생각보다 중소기업 대표들은 위기감지를 잘한다.

무엇이 위기고 어떤 방식으로 오는지를 파악한다.

그런데 파악에 그친다. '미국의 사태가 나에게 직접적으로 피해를 주겠어?'

정말 안일한 생각이다. 러시아와 우크라이나 전쟁이 발발할 조짐이 보이자 아는 중소기업 회사는 곧바로 차량의 절반을 전기차로 바꿨다. 차량 운행을 많이 하는 회사였는데, 대부분의 차들이 경유를 사용하고 있었다.

그는 한국의 경유 값이 러시아의 영향을 받는다는 것을 다년간의 경험을 통해 알았다. 그리고 이번 사태가 터지자, 막대한 비용을 들였지만 전기차로 대부분 바꿨다.

전략은 주효했다. 초기에 비용이 많이 들었지만, 유류비용은 확 줄어들었다. 더욱이 경쟁업체가 운행을 줄일 때 그는 오히려 늘렸다. 물론 전기차로 바꾸면서 투자해야 할 것은 많았지만 세금혜택 등을 포함하면 그의 선택은 옳았다. 그가 회사에 남아도는 돈으로 바꾼 것도 아니었다. 상당수는 빚이었다. 주변에서 "굳이 없는 빚까지 만들어서 이럴 필요가 있느냐?"고 말렸지만 그의 예민함과 검토를 통한 확실한 미래지표는 그의 선택을 더욱 공고하게 했다.

위기의 냄새는 짐승들이 더 잘 맡는다. 이유는 간단하다. 생존이 걸렸기 때문이다. 마찬가지로 위기는 생존과 직결이라는 공식을 잘 이해하고 경험해 본 대표들은 그 누구보다도 민감하다. 그들은 매일매일을 위기라고 생각하고 끊임없이 방향을 모색한다.

필자가 대표들에게 권하는 필독서인 『누가 내 치즈를 옮겼을까』(스펜서 존슨, 진명출판사, 128쪽)를 보면 이렇다.

창고에서 치즈를 채워두고 먹는 쥐인 스니프와 스커리는 어느 날 창고에 도착하자 남은 치즈가 없다는 것을 알고 치즈를 공급하는 〈치즈 스테이션 C〉에 도착했다. 스테이션에는 이미 치즈 공급이 엄청나게 줄어들어 있었다. 하지만 그들은 놀라지 않는다.

치즈 공급이 줄어드는 것을 이미 알아차린 그들은 더 많은 치즈를 찾는 힘들지만 피할 수 없는 일을 위해 미리 마음의 준비를 해두었다.

그래서 〈치즈 스테이션 C〉를 뒤로하고 그들은 함께 새로운 치즈를 찾기 시작한다.

그날 오후, 다른 쥐인 헴과 호는 〈치즈 스테이션 C〉에 도착하지만 치즈가 없는 같은 것을 발견하고 절망에 빠졌다. 화가나고 짜증이 난 헴은 "누가 내 치즈를 옮겼니?"라고 묻는다. 이에 호는 새로운 치즈를 찾자고 제안했지만 헴은 실망감을 감추지 못하며 이 제안을 일축했다.

반면 스니프와 스커리는 〈치즈 스테이션 N〉과 새로운 치즈를 발견했다.

〈치즈 스테이션 C〉로 돌아온 헴과 호는 그들의 치즈 부족에 영향을 받고 그들의 문제에 대해 서로를 비난한다. 변화를 희망하며, 호는 새로운 치즈를 찾는 것을 다시 제안한다. 하지만 헴은 그의 오래된 일상에 위안을 받고 미지의 것에 대해 두려워한다. 결국 헴과 같이 있는 것이 잘못된 것임을 알게 된 호는 미로 속으로 들어가지만, 친구가 생각할 수 있도록 〈치즈 스테이션 C〉의 벽에 끌로 "당신이 변하지 않으면 당신은 멸종할 수 있습니다."라고 새겼다.

유명한 일화다. 묻고 싶다. 당신의 치스 스테이션 넘버는 무엇인가?

4

위기는 당연하다
일어서는 게 중요하다

2018년 피자헛은 당시 도시 어부로 최고의 인기를 구가하고 있던 마이크로닷을 광고모델로 내세워 신제품 '갈릭 마블 스테이크'의 새로운 광고를 선보이려 했다. 그런데 광고 송출 3일 전 광고모델 마이크로닷이 부모님의 사기행각 사건에 휘말리면서 광고 송출 자체가 무산될 위기였다. 그런데 피자헛은 이것을 아이디어로 극복했다. 마이크로닷이 노출된 장면을 스토리보드 스케치 컷으로 바꾼 것이다. 이 영상은 순식간에 각종 커뮤니티로 빠르게 퍼져 나갔다.

에이비스 렌터카의 이야기는 위기를 기회로 바꾼 이야기 중 교과서적 일화다. 렌터카 업계에서 '허즈' 다음으로 만년 2위를 기록 중이던 '에이비스'는 고심 끝에 다음과 같은 카피를 내세운다.

"우리는 렌터카 업계에서 2위에 불과합니다. 그런데 고객은 어째서 우리를 이용할까요? 그것은 우리가 더 열심히 일하기 때문입니다."라는 광고 문구와 "우리 카운터 앞 줄은 더 짧습니다."라고 붙였다. 일명 2등 마케팅이다.

소비자에게 솔직하게 다가간 에이비스 렌터카는 이 광고 이후 매출이 400만 달러가 뛰고, 처음으로 120만 달러의 이윤을 창출했다고 한다. 또한 11%에 맴돌던 시장 점유율도, 35%로 훌쩍 뛰었다.

사우스웨스트 항공사는 업계 최초로 최저가 비용Low Cost Carrier라는 개념을 도입한 회사다. 2019년까지 46년 연속 흑자를 달성한 기업인 사우스웨스트 항공사는 미국 내 국내 노선 위주로 운영한다.

그런데 사우스웨스트 항공사가 부각되기 시작한 시점은 1990년대 가격규제 완화 정책과 9.11테러로 악재가 겹쳐 수많은 항공사들이 파산한 시점과 일치한다.

모두가 위기 상황인데 나 홀로 뛰는 것이다. 비결은 '하지 않는 것'에 있었다.

사우스웨스트 항공사는 먼저 예매 서비스 시스템을 없애버리고 선착순 탑승 방식으로 바꿨다. 일정 금액을 내면 탑승 우선 순위에 더해 좌석 선택권이 주어지는 것이다.

그리고 기내식 제공을 멈췄다. 대신 비용을 낮췄다. 수하물 요금도 없앴다. 많은 미국 항공사들은 화물 수송을 수익 모델로 한다. 수하물 무게에 따라 25~70달러 요금을 추가로 받는데 사우스웨스트 항공사는 무료 수하물 정책을 실시했다.

마지막으로 지역 중점 허브 공항을 포기했다. 미국은 주별로 최소 한 개 이상의 공항이 존재한다. 사우스웨스트 항공사는 지역 중점 공항이 아닌 주변 작은 공항에 취항하는 전략을 선택함으로써 비용을 절감했다. 이를 통해 사우스웨스트 항공사의 티켓비용은 고속버스보다 저렴해졌다. 당연히 누구나 다 이용을 하기 시작했다.

위기의 상황에서 그들이 택한 전략은 선택과 집중이었다.

또 다른 위기 극복 방법도 있다. 기존의 고정된 시선을 바꿔주는 것이다.

2008년 서브 프라임 모기지로부터 시작된 글로벌 금융위기로 세계 경제가 휘청이던 시절 2009년 미국 TV에서는 "차량 구매 후 1년 이내에 실직할 경우 차량을 반납하시면 됩니다."라는 광고가 나왔다. 현대자동차가 미국에서 시작한 어슈어런스 프로그램 광고였다.

현대자동차는 아래 조건에 부합하면 고객에게 판매된 차를 되사겠다고 말했다.

'자진퇴사가 아닌 해고 당한 경우', '해외 근무', '자영업자 파산', '상해를 입어 장애자가 된 경우', '운전면허 취소', '사망'.

여기에 추가 조건이 하나 더 있었다. 차를 반납할 시점에서 남아있는 할부 금액과 중고가 된 자차 가치를 비교하고 만약 중고차를 처분했을 때 지불해야 할 금액이 더 많다면 이 차 이만큼 현대자동차에서 보장해 준다는 것이다. 단, 이 금액의 차이가 $7,500를 넘지 않아야 한다.

광고의 파장은 어마어마했다. 당시는 금융위기로 인해 대량 해고가 줄지어 일어나면서 상당수 샐러리맨들이 불안에 떨고 있을 때였다. 그런데 그들은 앞다퉈 현대차를 구입했다.

이것이 가능했던 것은 무엇일까. 바로 보험이다. 기존 자동차를 이용함으로써 얻게 되는 다양한 효과가 아니라 구매과정에서 느끼는 불안요소를 제거하는 것에 보험을 도입한 것이다.

위의 기업들은 한결같이 어마어마한 대기업이다. 이런 대기업들 역시 매번 위기에 직면한다. 그러나 그들은 위기를 훌륭히 극복해낸다.

사실 위기를 극복하지 못한 대기업도 많다. 옆나라 일본이다.

1970년대에서 1980년대 학교를 다닌 사람은 안다. 소니는 그야말로 세계 초일류 기업이었다. 소니는 1980년대 누구도 해내지 못했던 휴대용 비디오 카메라를 개발했고 걸어다니면서 들을 수 있는 워크맨도 개발했다. 당시엔 걸어다니며 들을 수 있는 모든 휴대용 카세트플레이어를 통칭해서 워크맨이라고 부를 정도의 엄청난 영향을 발휘했다.

우리나라에서도 소니의 워크맨을 들고 다니는 친구는 그야말로 최고의 취급을 받았다.

그런데 이런 소니가 이제와서는 이름을 바꾸고 향후 게임과 영화 등 콘텐츠 분야를 중심으로 기업의 체질을 바꾸는 데 주력하고 있다. 왜냐면 2020년 1분기 게임 분야에서 영업이익이 68% 급증했지만 눈덩이처럼 불어난 가전 분야 손실 때문이다. 더욱이 소니의 시가총액은 후발주자였던 삼성전자의 3분의 1 수준까지 추락했다.

파나소닉도 있다. 2019년 파나소닉이 반도체 사업을 대만 기업에 매각했을 때 전 일본열도가 충격에 휩싸였다. 이는 쉽게 말하자면 한국의 삼성이 베트남 하청 기업에 팔린 것과 마찬가지였기 때문이다. 가전이 주 상품이었던 파나소닉은 지금은 주택 사업에 치중하고 있다.

이밖에 샤프 역시 대만 기업에 넘어갔고, 잇달아 사업을 매각한 도시바는 사실상 해체 수준을 밟고 있다.

일본 가전이 몰락한 이유는 뭘까? 완벽주의에 매몰된 일본 가전회사들이 소비자 요구와 시대 변화를 놓쳤기 때문이다. '잘 만든 제품'에 집중하다 보니 '잘 팔릴 제품'을 놓친 것이다.

위기는 민감하며 확실하다. 더욱이 위기의 그물은 넓다. 걸려들면 빠져 나갈 곳도 없다.

그렇다고 방법이 없는 것은 아니다. 시장을 지속적으로 주시하면 틈새가 보인다. 위기가 닥쳤을 때 당장 몰려드는 문제에 집중한다면 어찌어찌 한 번은 넘길 수 있다. 하지만 위기는 파도와 같아서 한 번만 오지는 않는다. 이럴 땐 아예 방법을 바꿔야 한다.

파도가 없는 곳으로 방향을 틀어야 하는 것이다. 앞선 사례들을 보면 모두가 똑같은 위기에 몰려 있었다. 하지만 위기 속에서 틈새를 찾아냈다. 이는 사고의 전환과 더불어 시장 상황에 대한 명확한 분석이 있었기 때문이다. 사업에서의 위기는 내부가 아닌 이상 뚫고 나갈 방법은 존재한다. 다만 우리가 찾지 못할 뿐이다.

이노베이션이니 뭐니 하는 어려운 이야기를 하려는 것이 아니다. 위기가 직감되면 일단 판단을 해야 한다. 이 위기가 내부에서 오는 것인가, 외부에서 오는 것인가. 대부분은 둘 다라고 보지만, 아니다. 본질은 둘 중의 하나다. 외부에서 오는 것이라면 시장을 분석해야 한다. 지금 시장은 어떤 형태를 띠고 있으며 소비자들은 어떠한 상태인지를. 그다음 소비자의 구매 심리를 자극할 틈새를 찾아야 한다. 그것이 마케팅이든, 제품 개발이든, 판매 방식이든 간에 다양한 범위에서 샅샅이 찾아야 한다.

위기를 극복하는 것도 훈련이다. 한두 번 극복하다 보면 아주 큰 파도의 위기도 막아낼 수 있다. 다만 극복을 하기 위해서는 정석적인 방법을 택하라. 대표들이 공부를 해야 하는 이유이기도 하다.

5

망하는 데도 절차가 있다

싫지만 중소기업 대표로서는 꼭 기억해야 할 절차가 있다. 바로 사업장이 문을 닫았을 때의 절차다. 그런게 있느냐고 묻겠지만, 있다. 그리고 이것을 잘해야 더 이상의 탈이 없다. 이것을 못했을 경우 더욱 큰 타격을 받을 수밖에 없다. 심지어 감옥에 가는 경우도 있다.

먼저 회사가 망해갈 때 사장에게 가장 중요한 것은 처리의 우선순위를 정하는 것이다.

무엇을 버리고 무엇을 챙길 것인가의 우선순위에서 최우선은 역시 직원과 투자자다.

의아하겠지만 이것을 우선하는 게 맞다. 직원들의 생계를 걱정하고 회사 존재의 근간인 투자자의 손실을 생각해야 한다. 이는 더 큰 파장을 줄이고 후일 재기에도 도움이 된다.

실무적으로는 직원들에게는 체당금이나 실업급여 등을 챙겨 주고 투자자들에게는 폐업을 통보하고 절차와 과정을 공개

해야 한다.

이것은 배가 침몰할 때 끝까지 남아 배와 운명을 같이하거나 맨 마지막으로 빠져나오는 선장과 같은 처신이다.

실전에서는 매우 어려운 일이다. 나눠 줄 돈이 은행에 버젓이 있는 것도 아니고, 심지어 채권자들에게 몰릴 대로 몰리는 상황에서 이런 성인군자 같은 선택을 할 수 있을지는 미지수지만, 그래도 이것 먼저 해야 한다. 단순히 원론적 도덕적 측면만으로 강조하는 것이 아니다.

한번 넘어졌지만 다시 일어나야 할 것 아닌가. 그때를 대비해 지금은 자신을 더욱 조여야 하는 것이다. 이것은 다른 말로 미래전략이다.

사업하는 사람들은 사업이 한번 엎어졌다고 끝이 아니다. 적게는 3번, 많게는 10번도 넘게 도전한 사람들도 많다. 그렇기에 잘나가고 있을 때 이런 상황에 대한 시나리오와 이미지 트레이닝을 해두는 것이 좋다. 미리 준비하지 않으면 일이 닥쳤을 때는 머리가 멍해지기 마련이다.

설혹 법정관리를 받게 된다 해도 피곤한 일투성이다. 정확한 법률용어는 '회사정리절차'이지만 통상적으로 '법정관리'라고 쓴다.

회사정리절차란 기업이 자력으로 회사를 꾸려가기 어려울 만큼 부채가 많을 때 법원에서 지정한 제3자가 자금을 비롯하여 기업활동 전반을 관리하는 것을 말한다. 즉, 부도위기에 몰린 기업을 파산시키기보다는 살려내는 것이 기업과 채권자에게는 물론 국민경제 전반에 이롭다는 점이 이 제도의 취지이다.

회사정리절차는 해당 업체의 채권자 또는 주주도 신청할 수 있으나 대상업체 스스로 신청하는 경우도 많다.

회사정리법에 의하면 법정관리 신청이 들어오면 법원은 2주 이내에 재산보전처분 여부에 대한 결정을 내리고 2~6개월 이내(중소기업은 3개월 이내)에 회사정리절차 개시 여부를 결정하게 된다.

법원이 해당 기업의 존속가치가 청산가치보다 적다고 판단해 회사정리절차를 기각하면 바로 파산절차에 들어가거나 항고, 재항고를 할 수 있는데, 대부분 여기서 1차 절망을 하게 된다.

요행히 회사정리절차가 수용되면 회사는 정리계획에 따라 장기간(10년)에 걸쳐 부채를 상환함으로써 빚에 대한 부담에서 해방될 수 있으며, 법원이 선임한 법정관리인이 경영을 책임지게 된다. 반면 법정관리가 기각되면 기업은 파산절차에 들어간다.

그나마 법정관리는 희망이라도 있다. 대부분은 그냥 파산한다. 법원은 중소기업에 대해서는 굉장히 높은 확률로 신청을 부결한다.

이런 면에서 직원들은 고통스럽긴 하지만 다른 직장을 찾아나서면 된다. 하지만 대표는 다르다.

'밀린 세금', '건물임대료', '공공기관체납금', '채무자 무마', '미수·미납금 처리' 등 생각보다 할 일이 너무나 많다. 또 개인적으로 처리할 일도 있을 것이다.

돈이 없는 상태에서 나가기만 하니 경제적으로는 매우 힘들어질 것이고 여러 가지 복잡한 일과 구차한 일들도 당신을 괴롭힐 것이다. 그 중압감은 경험해 본 사람들이 고개를 저을 정도로 엄청나다. 더욱이 대한민국에서는 망한 사업자에게 정말 가혹한 시스템을 가지고 있다. 국가가 보호해주거나 최소생계를 위한 별도의 조치나 로드맵 따위는 전무하다.

되려 회생, 파산절차를 거치는 과정에서 은행, 금융기관 채무 등은 탕감시켜주지만 세금은 감면이나 탕감 대상이 아니다. 세금을 체납하면 법정납부기한을 경과한 달 3%의 가산금이 부과되며, 세금체납액이 100만 원 이상인 경우 1일 0.025%의 추가가산금(월 0.75%)이 부과된다. 따라서 초기체납 가산금 3%를 제외하고도 매년 9.125%의 가산금이 붙는 것이다.

사업이 망했다는 이유로 그동안의 성실납부는 순식간에 사라지고 불성실납세자 내지는 범죄자 취급을 당한다. 또한 건강보험료도 회사가 망한 것을 바로 반영해서 고지서가 발부되는 것이 아니라 전년도 기준으로 부과된다.

건물 등이 강제 경매되는 경우에도 비슷하다. 해당 건에 대한 양도세가 바로 원천징수 되는 것이 아니라 사후 별건으로 부과되어 2년쯤 뒤에 고지되는 바람에 재기 의욕 상실과 실패 고통을 가중하고 있다. 끝나도 끝난 것이 아닌 것이다.

다만 아주 암흑만 있는 것은 아니다.

중소기업진흥공단을 통해서 경영위기에 직면한 중소기업의 효율적인 회생을 위해 일정한 심사를 거쳐 회생컨설팅 비용 지원을 하고 있다.

채무자회생법에 따른 '회생절차'는 대기업에 적합한 회사정리절차를 모델로 한 것이어서 절차가 복잡하고 과다한 비용이 소요되는 측면이 있었다. 이에 따라 채무자회생법이 시행된 후 시간이 지나면서 중소기업, 특히 소기업을 위한 별도의 재건절차가 필요하다는 주장이 제기됐다. 대부분 지원하는 중에 완전히 무너지기 때문이다.

지난 2013년 법무부 산하에 도산법개정위원회가 구성돼 중소기업 회생절차 개선방안이 논의된 끝에 간이회생절차를 도입하는 법 개정이 이뤄졌다. 그 결과 채무자회생법 제2편(회생절차)에 제9장을 신설해 '소액영업소득자에 대한 간이회생절차'라는 새로운 재건 트랙을 도입하고 2015년 7월 1일부터 시행하고 있다.

간이회생절차는 회생절차개시의 신청 당시 회생채권 및 회생담보권의 총액이 30억 원 이하인 채무를 부담하는 소액영업소득자를 대상으로 하는 절차로서 신청자격에 제한이 있기는 하다.

이후 채무자 회생 및 파산에 관한 법률 제223조에 따라 채무자의 부채의 2분의 1 이상에 해당하는 채권을 가진 채권자 또는 이러한 채권자의 동의를 얻은 채무자는 회생절차개시의 신청이 있는 때부터 회생절차개시 전까지 회생계획안을 작성해 법원에 제출할 수 있다. 이때 제출된 회생계획안을 '사전계획안'이라 한다. 아울러 절차를 신속하게 진행하기 위하여 회생계획안 제출기한을 회생절차 개시결정의 전날까지로 제한한다.

이밖에도 중소기업 맞춤형 회생절차 프로그램도 있는데, 중소기업 회생절차의 특성(기존 경영자가 재건의 노하우·네트워크 소유, 자금조달의 어려움, 회생절차에 대한 정보 부족 등)을 고려하며, 허브코트Hub Court를 지향하는 서울회생법원이 설계한 회생신청 전 단계부터 종결까지 원스톱 중소기업 맞춤형 회생지원 프로그램을 말한다.

아쉬운 것은 망해가는 중소기업이 받을수 있는 혜택이란 이것뿐이라는 점이다. 결국은 잘나갈 때, 망했을 것을 대비하는 시나리오를 만들어 두는 것이 재기와 직결된다. 망하면 가족 말고는 누구도 믿을 수 없다. 그들을 크게 고통스럽게 하지 않기 위해선 망하는 방법도 익혀둬야 한다.

6

인맥 키우기에 알아둬야 할 것들

서점에 가보면 인맥과 관련된 부스가 정말 어마어마하게 크다. 인터넷에서 검색을 해도 수많은 결과물이 나온다. 뒤집어 보면 그만큼 인맥을 만드는 것도 어렵고, 관리하고 키우는 것도 벅차기 때문이다.

필자 역시 사업가에게 인맥은 매우 중요하다고 말한다. 다만 제대로 된 인맥일 경우가 그렇다. 사업가 중 종종 정치 쪽 인맥을 넓히는 경우가 있다. 아니, 생각보다 많다. 정치인과 만나고 그들과 친해지는 것을 매우 영광으로 안다. 솔직히 추천하고 싶지 않은 경우다. 차라리 그럴 바엔 언론인과 인맥을 쌓으라고 하고 싶다.

중소기업 대표가 인맥을 쌓는 이유는 무엇인가? 회사의 생존을 위해서다. 판로를 개척하거나 기존 판로를 더욱 공고히 하거나, 새로운 사업 아이템을 위해서다. 이것으로 가는 과정을 찾아내기 위해 많은 사람들을 만나고 명함을 주고받는다.

이 본질을 벗어난 인맥쌓기는 돈과 시간은 그대로 들어가면서 효력은 없다. 아니, 되려 역효과를 줄 수도 있다.

매일경제에서 연재하는 〈우화경영〉 코너를 잘 읽고 있는데 거기서 기억나는 기업인이 한 명 있어 소개한다.

고故 성완종 전 경남기업 회장이다. 성 회장은 알려지다시피 불우한 환경에서 어린 시절을 보낸 사람이었다.

1951년 8월 20일 충청남도 서산군(현 서산시) 지곡면 출생으로 13세 때 계모의 폭력을 피해 돈을 벌겠다며 초등학교를 중퇴하고 서울로 올라간 친모를 찾아 동생들과 상경했다.

낯선 서울에서 어머니와 동생들을 먹이기 위해 그는 온갖 일을 마다하지 않았다. 그러다가 1970년 어머니와 함께 서산군으로 돌아와 해미면 홍천리에 정착했다. 그 뒤 해미면 기지리, 해미면 읍내리 등지를 옮겨다니다 읍내리에 화물영업소를 차려 단돈 1,000원으로 사업을 시작했다. 그리고 7년 뒤인 1977년 서산토건에 입사해 서산토건, 대아건설, 경남기업 등을 인수하여 현재의 경남기업을 이루었다.

특히 건설업계 해외 진출 1호 기업으로 상징성이 큰 경남기업을 2003년 인수한 것은 그의 사업 인생에서 최고의 절정기였다. 문제는 여기서부터였다. 성 회장은 더 큰 욕심을 냈다. 정치권에 뛰어든 것이다. 이미 사업가 시절부터 끊임없이 정치 쪽으로 인맥을 넓혔던 그였다.

그의 관심이 본격적으로 정치로 옮겨가자 기업은 피폐해졌다.

초기에는 괜찮았다. 성 회장이 정치를 시작한 것은 2004년 제17대 국회의원 선거로, 당시 지역정당인 자유민주연합에 비례대표 2번을 받았으나, 당시 탄핵 여파로 자민련이 비례대표 지지율 3%를 못 넘기면서 원내입성에 실패했다. 이후 제17대 대통령 선거 이후인 2007년 12월 31일 이명박 당선인에 의해 대통령직 인수위원회에서 과학비즈니스벨트 자문위원에 임명되었다. 2008년부터 2012년까지 법제처 정부입법 자문위원을 역임하였다.

2012년 제19대 국회의원 선거에서 자유선진당 후보로 충청남도 서산시-태안군 선거구에 출마하여 당선됐다. 또 제18대 대통령 선거 직전 선진통일당이 새누리당에 흡수 합당되자 새누리당 소속이 되었다. 그러나 2014년 공직선거법 위반으로 국회의원직을 상실했다.

이후 성 회장은 이명박 정부의 자원외교와 관련해 비리로 조사를 받게 되었다. 그러던 중 2015년 4월 9일 서울특별시 종로구 평창동에 있는 북한산 형제봉에서 자살하였다.

사후에도 안타까운 일을 겪었는데 고인이 남긴 부채가 막대해서 묘소가 경매로 팔렸고 타인이 선산을 사버리는 바람에 2018년 무덤이 가족들에 의해 파묘되어 사라졌다.

또 다른 사례도 있다. 포항의 한 중소기업은 한때 제철소에서 나온 부산물로 사출금형의 필수소재를 상품화해 주목을 받았다. 세계에서 몇 개 업체만 보유하고 있는 기술을 독자 개발해 엄청난 부가가치를 창출할 기업이라는 평가도 있었다.

이런 호평 덕분에 이 회사 대표는 유명세를 탔다. 지역 기업인협의회 회장으로 취임하기도 했다. 작은 기업 사장이었던 그는 짧은 기간 안에 많은 사람들과 교류하기 시작했다. 고위 관료와 국회의원 같은 정·관계 인맥이 점점 확대됐다.

급기야 여당 지역 부위원장을 비롯해 정치권에서 주는 감투를 썼다. 대통령 해외순방에 동행하기도 했다. 기업인에서 정치인으로 변신하는 모습을 보였다.

그러나 그동안 회사는 시들어갔다. 부채는 눈덩이처럼 커졌고 매출보다 손실이 많아졌다. 그럼에도 그는 회사 경영보다는 정치 쪽에 더 많은 행보를 보였다.

이는 권력 앞에만 서면 작아지는 공무원들과 금융권의 무책임 때문이었다. 회사가 부실해져 가고 있는데도 은행들은 자금을 지원했다. 낮은 이자로 대출해 주었고 투자와 정부 보조금도 끊이지 않았다. 이 회사 대표의 정치적 영향력이 작동하지 않았으면 불가능한 일이었다.

허나 어디 그 영향력이 평생을 가겠나. 결국은 어느 시점에서 영향력이 약해졌고 그에게 고개를 숙이던 사람들은 이제 비웃기 시작했다.

기업인이 경영을 떠나 정치에 관심을 갖는 것의 본질은 회사를 키우기 위함이다. 헌데 정치적 영향력으로 키운 기업의 생존은 어느 정도나 될까.

기업가의 인맥은 기업의 발전과 미래에 국한되야 한다. 그럴 마음이 없다면 아예 깔끔하게 기업을 다른 이에게 물려주거나 접고 시작해야 한다.

중소기업 대표 중 꿈을 정치로 가지고 있는 사람을 몇 명 만났다.

E대표가 그 대표적이었다. 그는 "사업을 키운 다음 물려주고 정치적 활동을 해보고 싶다."고 말했다. 그래서 되물었다. "정치적 활동을 하기위해서 그들과 맺는 인맥 비용은 누가 지불하는 건가요?" 그는 한동안 말이 없었다.

기업인은 기업인이어야 한다. 기업인의 인맥은 기업에 맞춰져야 한다.

인맥 쌓기는 본질적으로 사람과 사람의 관계이자, 당신이 나에게 필요한 만큼 나도 당신에게 필요한 인물이 되겠다는 약속이 전제한다.

힘있는 사람은 만나려고 줄을 서 있지만 그 사람이 중소기업 대표를 영원히 돌아봐주지는 않는다. 오히려 지금 내 주변의 사람들을 위주로 해서 영역을 넓혀감이 좋다.

아울러 인맥은 정당하게 활용해야 한다. 인맥을 활용해 남들보다 손쉽게 가는 것은 그저 비용을 뒤늦게 지불하는 것뿐이다. 결국은 다시 자신에게 돌아온다.

2000년대 이전에나 가능했던 일이며, 설혹 지금 이뤄진다 해도 정권이 5년마다 한번씩 바뀌는 이 시점에서 어떤 인맥도 영원하지는 못한다. 대표들도 안다. 누군가 자신에게 의도적으로 접근하는지 아닌지를. 다시 말해 중소기업 대표들이 만나고 싶은 이들 역시 그 부분을 명확히 잘 알고 있다.

　그러니 급하게 가지 마라. 인맥 키우기의 첫 단계는 천천히다. 그렇다고 너무 오래 걸리지는 않는다. 단 한 사람이라도 당신의 진가를 알아본다면 그것은 순식간에 옆으로 퍼져 나가기 마련이다. 열 개를 열 명에게 나누지 말고 열 개를 한 명에게 투자해보라. 당신이 절벽에 섰을 때 손을 잡아주는 사람이 과연 누구겠는가.

　인맥 만들기라는 허상에 빠지기 전, 당신이 왜 인맥을 만들고 그 인맥을 통해 무엇을 얻고자 함인지를 항상 명심해라. 사람은 그렇게 쉽게 정을 주지도 않지만, 쉽게 정을 떼지도 않는다. 그저 당신이 준 만큼만 돌아올 뿐이다.

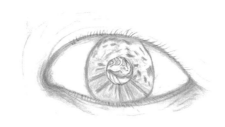

7

공감이 필요한 시대

손예령 포스텍 기업시민연구소 교수가 발표한 보고서 〈기업의 혁신, 공감할수록 더 가까워진다〉를 보면 '공감 능력이 기업에 필요한 이유'를 명확히 제시하고 있다.

먼저 주목해야 할 부분은 2004년 구글에서 빅데이터 분석 서비스(검색 키워드 추세를 지수화해 실시간으로 제공)를 시작한 이후 지금까지 '비즈니스 및 산업분야' 카테고리에서 '공감'에 대한 검색이 꾸준히 증가하고 있으며, 2020년 9월과 2021년 4월에 가장 높은 수치를 기록했다는 점이다.

이어 공감과 관련된 주제로는 공감의 '정의'가 가장 많이 검색됐고, 그다음이 '리더십', '능력' 순으로 나타났다.

즉, 많은 이들이 기업의 공감에 대한 높은 관심을 가지고 있다는 것이다.

공감empathy이란 사전적으로 '다른 사람의 입장에 자기 자신을 대입해 타인의 감정 상태를 이해하는 것'을 의미한다.

동정과 정서적 공통점을 갖고 있지만, 실제 둘의 내용은 전혀 다르다.

'동정sympathy'은 수동적인 반면 '공감'은 적극적이기 때문이다. 다른 사람의 생각이나 경험에 대한 느낌을 공유하는 것은 필자가 먼저 발현하지 않으면 출발조차 하지 못한다.

'공감'은 필자가 상대방의 입장이 돼 그 감정을 이해하는 것이며 자신과 타인의 감정이 공명할 때 일어난다.

그렇다면 이런 공감이 사업을 운영함에 있어 어떤 영향을 미치게 될까.

오늘날 기업들은 모든 이해관계자와 소통하고 공감하면서 더 큰 기업가치를 창출할 것을 요구받고 있다. 그렇다면 공감 능력이 기업에 어떠한 기여를 할 수 있을까?

나이키의 예를 들어보자. 지난 2020년부터 코로나19 확산으로 온라인 플랫폼을 중심으로 한 소비가 증가했고, 당연히 많은 오프라인 매장들은 폐업을 해야만 했다.

특히, 스포츠 경기가 취소거나 지연되면서 스포츠 브랜드들의 불황은 어마어마했다.

이 분야의 독보적인 최강자인 '나이키'도 여기에 속했다. 실제로 나이키는 2020년 회계연도 4분기 매출이 전년 대비 38% 감소했고, 직원과 소비자의 건강과 안전을 위해 나이키 소유 매장 90%가 8주 동안 문을 닫았다.

나이키는 소비자의 트렌드를 찾아내기 위해 시장을 면밀히 검토했다.

그랬더니 변화를 감지했다. 사회적 거리두기로 인해 집에 있는 시간이 늘어나자, 사람들은 편안한 복장을 선호하게 된 것이다.

일명 '운동athletic'과 '여가leisure'가 결합된 애슬레저athleisure룩이 떠오르고 있었다. 나이키는 자사 온라인 플랫폼인 〈나이키 디지털〉을 통해 다양한 애슬레저 제품들을 선보였고, 대중들에게 인기를 끌게 되었다. 나이키의 제품과 온라인 플랫폼이 고객의 니즈에 부합된 것이다. 덕분에 나이키의 온라인 매출이 전체 매출의 30%를 차지했고, 2019년 대비 82%의 성장을 기록했다(2021년 회계연도 1분기 기준). 온텍트ontact 전략이 언텍트untact 시대에 빛을 발했다고 볼 수 있다. 또한, 나이키는 코로나19로 인해 신체적 또는 심적으로 지친 사람들을 위로하고 격려하기 위해 'play Inside, play for the world' 챌린지를 진행했다. 실제로 함께 뛰지 못하고, 나라를 대표해서 뛰지 못하며, 수많은 관중들 앞에서 뛰지 못하지만, 집에서 운동을 하는 자신의 모습을 담아 소셜미디어에 공유함으로써, 모두가 하나의 팀이 될 수 있다는 것이다. 아울러 이러한 챌린지에 참여하는 것(실내에서 운동하는 것)이 궁극적으로는 세계를 위해 뛰는 것이라는 메시지를 담았다.

또 성공적인 챌린지를 위해, 실내에서 할 수 있는 운동방법을 나이키 홈페이지에 공유하였다. 이러한 공감 마케팅 전략은 소비자들의 마음을 움직였고, 스포츠스타부터 일반인까지 많은 사람들이 이 챌린지에 동참했다.

공감은 또한 조직을 변화시킨다.

미국 前대통령 '버락 오바마Barack Obama'는 "건강한 조직이 되려면 리더는 팀원들이 신뢰하고 따를 수 있는 리더십을, 팀원들은 리더에게 자발적으로 협력할 수 있는 팔로우십을, 그리고 조직은 구성원들이 자신의 의견을 말할 수 있는 환경을 만들어줘야 한다."고 언급했다. 이는 구성원들이 조직 목표에 공감하고 따르고, 조직은 구성원들의 의견을 경청하고 존중해줄 때 건강한 조직문화를 구축할 수 있다는 말이다.

다만 대표의 경우 지나치게 공감하는 것은 주의해야 한다. 그럴 경우 조직의 이익을 위해 무엇을 원하거나 무엇을 해야 하는지 알 수 있는 능력을 상실할 수 있다.

대표는 적절한 거리를 두되, 상황에 맞는 공감을 할 필요가 있다. 어느 정도냐면 조직에서 구성원들이 자신의 의견을 편하게 말하기 위한 수준의 '심리적 안전감'을 느끼는 데까지다.

건의할 수 있고, 그 건의가 어느 정도 이뤄진다면 조직원들은 충분히 대표와 공감하고 있다고 생각하기 마련이다. 이러한 조직에서 일하는 구성원들은 업무에 몰입하게 되고 업무 성과를 향상시킬 수 있다.

1장에서 말한 사내 팀을 운영하는 데도 공감은 필요하다.

아리스토텔레스는 "전체는 부분의 합보다 크다."고 말했다.

이를 받아 들인 게 구글이다.

구글 인사담당 책임자 라즐로 복은 이렇게 말했다.

"우리 머릿속에 가지고 다니는 신화가 있다. 우리는 슈퍼스타가 필요하다고 생각하지만, 우리의 연구 결과는 그것이 아니다. 평범한 사람들로 구성된 팀을 구성할 수 있으며, 올바른 방식으로 상호 작용하도록 가르친다면, 그들은 슈퍼스타가 결코 할 수 없는 일을 해낼 수 있다."

아리스토텔레스는 신뢰와 존중, 그리고 공감을 통한 팀워크의 가치가 있다고 판단했다. 구글은 이러한 철학을 기반으로 '아리스토텔레스 프로젝트'를 진행했고, 다년간의 연구를 통해 '효과적인 팀을 만드는 요소'로 총 5가지를 제시했다.

첫 번째 요인은 '심리적 안정감Psychological safety'으로, 조직을 성장시키는 요인 중 가장 중요한 요소이자, 다른 4가지 요소의 밑바탕이다. 심리적 안정감이란, '인간관계의 위험으로부터 근무 환경이 안전하다고 믿는 마음'으로, 팀원들이 위험을 감수하고 다른 팀원들 앞에서 자신의 취약함을 드러내는 것에 대해 안전함을 느끼는 것을 의미한다.

두 번째는 신뢰감이다. 팀원이 제시간 안에 과업을 마침으로써 서로의 기대를 충족시키는 것을 말한다. 서로가 의무를 이행할 때 오는 안정적인 만족감이 신뢰로 쌓이는 것이다.

세 번째는 조직구조와 명료성이다. 팀원들이 명확한 역할을 부여받고, 같은 계획을 공유하며, 목표를 이뤄가는 것이다.

이는 공감을 바탕으로 한 집단 행위다.

네 번째는 일의 의미다. 팀원 개개인 자신이 하는 일이 의미 있고 중요하다고 여기게 만들어야 한다.

마지막은 일의 영향력이다. 팀원들이 자신의 일이 중요하고 세상에 긍정적인 변화를 만든다고 생각하게 하는 것이다.

중소기업은 정말 치열한 전쟁터에서 살고 있다. 비슷하면 결국은 몰살당한다. 외부든 내부든 변화가 필요하다. 그래서 혁신이라는 말을 달고 산다. 혁신은 큰 것이 아니다. 공감이다. 외부와 공감하고 내부에서 공감을 키우는 것 자체가 이미 어마어마한 혁신이다. 이 혁신은 회사가 어려움에 처했을 때도 큰 힘을 발휘해준다. 그러니 지금부터라도 공감에 집중해보길 바란다.

8

당신의 평온함을 위하여

미국 링컨 대통령이 남북전쟁때 마이드 장군에게 한 통의 편지를 보냈다.

"존경하는 마이드 장군! 이 작전이 성공한다면 그것은 모두 당신의 공로입니다. 그러나 만약 실패한다면 그 책임은 내게 있습니다. 만약 작전에 실패한다면 장군은 링컨 대통령의 명령이었다고 말하십시오. 그리고 이 편지를 모두에게 공개하시오!"

대표와 직원의 차이는 간단하다. 책임감이다.

모든 업무에 있어 '자신이 결정한 일에는 결과도 자신이 책임진다.'는 자세를 가진 사람이라면 그는 직원이 아니라 대표다. 그런 인재는 붙잡아야 할 사람이다.

뒤집어서 말하자면 회사 내 최고 간부의 위치에 있더라도 '나보다 더 높은 사람이 책임질 것이다.'라는 자세로 업무를 대하는 사람은 그저 직원이다. 대표와 직원의 차이는 책임을

질 줄 아느냐이다.

일본의 다나카 수상은 초등학교 출신이다. 일본이 어떤 나라인가. 철저하게 계급적인 사회다. 드러내놓고 무시하지 않지만 동경대 출신이 많은 엘리트 관료집단의 본산인 대장성에서 그가 장관으로 임명되자 불만이 터져 나올 수밖에 없었다.

'당신 같은 사람이 우리 위에?'라는 것이 그것이다.

그런데 다나카 수상은 이런 불신과 비웃음을 한마디로 일소했다.

그는 취임사에서 "여러분은 천하가 알아주는 수재들이고, 저는 초등학교밖에 나오지 못한 사람입니다. 더구나 대장성 일에 대해서는 깜깜합니다. 따라서 대장성 일은 여러분들이 하십시오. 저는 책임만 지겠습니다."라고 말했다.

자신의 치부를 정면에 드러내 놓고 책임을 지겠다는 말을 한 것이다. 물론 다른 사람이 보기엔 '호구' 아닌가 라고 생각할 수 있다. 부하들이 아무렇게나 일을 처리하고 책임만 떠넘길 수 있기 때문이다.

그것은 1차원적 생각이다. 다나카 수상은 분명히 선을 그었다.

'당신들은 수재들이다. 아무것도 모르는 나보다는 대장성을 잘 알 것이다.'

즉, 다나카 수상이 무슨 일을 지적하거나 화를 낸다면, 그는 수재로서의 자부심을 잃게 되는 것이다.

모든 대표는 A-Z까지 고민한다. VISION, 자금 스케줄, 여러 부서에 대한 관리에 각종 법적 문제, 향후 경제전망, 대기업과의 알력, 타사의 동향에 이르기까지, 온갖 것들을 고민하고 계산해야 한다.

무엇보다 가장 큰 고민은 직원들을 먹여 살리는 것이다. 나혼자라면, 또는 내 가족만이라면 어디가서 뭘 하든 할 수 있겠지만, 나를 믿는 직원들을 힘들게 할 수는 없다는 것이 중소기업 대표들의 기본적인 마인드다.

더욱이 차라리 책임만 질 수 있도록 유능한 직원들이라도 많으면 좋겠지만 중소기업의 인력난은 유능이 아니라 와주기만해도 감사한 실정이니, 대표들의 마음은 더욱 무겁기만 하다.

직원을 비하하는 이야기가 아니라, 그만큼 대표들이 가져야하는 짐이 무겁고 크다는 말을 하는 것이다.

"책임은 대표가 진다." 이 말을 모르는 대표가 어딨겠는가. 하지만 직원들은 그 뒤에 생략된 "그러니 너는 앞으로 달려가라."는 말이 있다는 것을 알고 있을까.

한 중소기업 F대표와 술자리를 한 적이 있었다. 그는 술자리에서 자신은 외롭고 편히 잠잘 수 없을 만큼 불안감에 시달린다고 했다. 경기불황 탓으로 납품수량이 줄면서 직원 급료를 주는 것마저도 버겁다고. 그래서 고통이 너무 익숙해졌다고 허탈하게 웃었다. 그는 그날 나와의 술자리까지 오는 동안 납품처를 찾기 위해 수십 곳을 돌아다녔을 것이다.

또 없는 회사 살림을 쪼개 기술 개발에 투자하고 더 나은 제품을 위해 투자자를 찾아다녔을 것이다. 수없이 허리를 숙이고 얼굴 근육이 아프도록 웃었을 것이다.

그에게 물었다. "사업을 하신 것을 후회하시나요?"

그는 "아니요. 다시 그때로 돌아가라고 해도 전 이것을 시작했을 겁니다."라고 말했다.

그의 모습이 바로 내가 도와주고 싶은 이 시대 중소기업의 대표 모습이다.

누구라고 이 위기의 세월에 편한 사람이 있겠는가. 위기는 항상 매일 찾아오고, 주변인들은 대표의 기대에 차지 못하는 경우가 많다. 사업도 힘든 데다 가정도 지켜야 한다. 오롯이 앞만 보고 나가는 것도 벅찬데 발목을 잡는 것도 너무 많다.

출발할 때는 좋은 제품만 만들면 됐던 것이 어느새 조직관리에, 영업에, 투자자 모집까지 하고 있다. 정직하게 살기가 힘든 세상, 몇몇 기업들은 이런 고민 없이 앞으로 쭉쭉 나가기만 하는 듯하다.

F대표만 그런 것은 아니다. 이 길에 들어선 모두가 그렇다. 우리는 생존의 길을 찾기 위해 발버둥 치고, 간신히 찾아낸 길마저도 언제 사라질까 두려워 총총걸음으로 달려간다.

생존과 희망, 성공, 위기 등이 날마다 엇갈려 들어온다. 하지만 결국 우리는 그 난해한 미로 속에서 하루하루 버텨내며 기필코 출구를 찾아내고야 말기도 한다.

당신들은 애국자다. 비록 엄혹한 현실과 대기업의 갑질에 밀려 침묵하고 있지만, 한 국가 경제의 변화와 혁신의 주역이 바로 당신들이다.

신사업 발굴과 개척의 첨병이며, ICT 분야와 자동차 부품, 애프터마켓, 에너지 저장장치 등의 기술 개발을 통해 세계시장에 맨몸으로 부딪혀 문을 여는 산업역군이다.

당신들이 있어 대한민국의 경제는 돌아가고, 세계 속에서 한국의 가치가 올라간다. 수많은 함정과 위기가 도사리고 있지만, 상처를 입으면서도 굳건히 앞으로 발을 내딛는 당신들의 가치를 지금 당장은 누구도 알아주지 않는다 해도, 멈추지 말고 앞으로 나가라.

냉정한 기업의 세계에서 영원한 강자는 없다. 그렇다고 영원한 약자도 없다.

지금 숙이는 고개가 비참하다고 생각하지 말라. 되려 고개를 숙일 수 있는 것도 기회가 주어진 자들에게만 있는 것이다.

당신들은 장사꾼이 아니다. 물건을 파는 것뿐만 아니라, 물건을 만들고, 그 물건에 미래를, 희망을 담는다. 서푼의 이득에 지금 당장은 울고 웃지만, 눈은 항상 큰 미래를 보고 있는 큰 존재들이다.

어렵지 않은 시절이 언제 있었겠는가. 사업을 시작한 순간부터 위기인 것이 중소기업이다. 다만 그런 위기 속에서도 또 하루를 당당히 버텨내는 당신이 있기에 대한민국도 존재하는 것이다.

　그러니 오늘 이 글을 쓰는 동안에도 필자는 당신들의 평온함을 기원하다. 오늘 하루는 다리를 쭉 뻗고 자기를. 그래서 내일 상쾌한 기분으로 일어나 다시 일터로 달려가기를.

　당신을 기다리고 있는 위기를 당당히 헤치고 어제 가지 못했던 안개 가득한 성공의 길로 오늘 더 한 발 내딛기를 진심을 다해 기원한다.

3장

기술과 인간

1

새로운 기술에 대한 도전 '규소'

이번에 책을 집필하게 된 동기는 지난번에 발간한『CEO로 살아가는 이유』를 쓰면서 부족한 점이 있었기 때문이다. 글을 쓰면서 새롭게 시작하는 CEO들에게 항상 '도전하라', '신 기술을 찾아라', '기술에 대한 투자를 아끼지 마라'라고 말하면서도 정작 어떤 결과물을 필자가 보여줬나? 하는 아쉬움이 남았기 때문이다. 직접 경험하지 않은 조언은 때에 따라서는 그냥 허울만 좋은 공허함 그 자체다.

그런 말은 하는 이도, 듣는 이도 오래 남지 않는다. 깊이 없는 말들은 익히 경험을 통해 알 듯이 한잔 술보다도 못한 경우가 많다.

그래서 이번 장부터는 컨설팅을 하는 사람으로서가 아닌 신기술을 개발하기 위해 노력하고 유의미한 결과를 도출해내는 과정들을 이야기해 볼까 한다.

앞으로 이야기할 일련의 이야기를 통해 새로운 기술에 대한 불안감이나 도전에 대한 두려움을 어느 정도 걷고, 도전해야 할 때는 절대로 멈추지 말았으면 하는 마음이다.

사실 필자는 컨설팅 이전부터 여러 사업을 통해 줄기차게 기술 개발에 매달려 왔다. 일일이 소개할 필요는 없겠지만, 레드오션에서도 살아남을 수 있는 기술을 찾기 위해, 일본이나 중국, 미국 등을 오가면서 숱한 시간을 고민하고 또 고민했다.

그중에서는 성공해서 결실을 거둔 것도 있고, 아직 가야 할 길이 많이 남은 것들도 있다.

이런 와중에 최근에 유의미한 성공을 거둔 분야가 있다.

이미 오래전부터 대기업에서 연구에 돌입한 분야이며 이제 서서히 그 결과물을 도출해 내고 있는 분야이지만, 발견된 기간에 비하면 새로운 기술로서의 변화는 이제 막 신생아 수준을 벗어났다고 할 수 있다.

바로 규소다. 규소를 만난 것은 아주 오래전이다. 햇수로는 10년을 넘어섰다. 외국 출장을 갔다가 반도체의 주원료에 대해 강의를 듣던 중 알게 됐다. 아니, 알기는 훨씬 더 오래전이었으나 그 필요성에 관심을 쏟게 된 것은 그 즈음이었다.

규소는 영어로 실리콘silicon이다. 원자번호 14번의 원소로 원소기호는 Si다.

우리 일상에서 아주 흔하게 만날 수 있는 원소다. 비타민 등의 약통이나 김 제품 포장 안에 들어가는 '실리카 겔'이 바로 규소를 원료로 하고 있기 때문이다. 실리카 겔의 '실리카'는 규소, '겔'은 공기와 섞인 상태를 말한다.

규소는 진주빛의 결정으로, 녹는점(1,414℃)이 높고, 단단하며, 반도체의 재료로 쓰인다. 산소에 이어 지각에 두 번째로 많이 포함된 원소로도 알려져 있는데, 자연 상태에서는 원소 상태로는 존재하지 않으며, 주로 이산화규소(SiO2)의 형태나 지각에서 가장 많이 존재하는 산소와 결합하여 만들어진 광물인 규산염에 들어 있다.

이런 규산염에는 규산 이온이 포함되고 규산염 암석은 벽돌, 세라믹, 시멘트로 사용되고 있다.

역사도 오래됐다. 사실 인류는 예전부터 규소의 화합물을 사용해 왔다.

규소의 비교적 간단한 화합물인 이산화규소로 이뤄진 게 바로 부싯돌이다. 이를 활용해 고대인들은 불을 피웠고, 고대 이집트에서는 유리를 만드는 원료로 이산화규소를 사용하기도 했다. 주요 건축 재료인 흙의 주성분이 규소의 산화물이나 규산염이라는 점에서도 규소는 우리와 거의 모든 세월을 같이 해왔다 해도 과언이 아니다.

이런 규소에서 원소만을 분리해 낸 건, 1824년 옌스 야코브 베르셀리우스J. Berzelius(1779~1848)가 플루오린화규소를 금속칼륨으로 환원시키면서부터다.

이어 화학자 토마스 톰슨Thomas Thomson(1773~1852)이 부싯돌을 뜻하는 라틴어 'silicis'에 어미 'on'을 붙여 'Silicon(실리콘)'이라는 이름을 제안했다.

그렇다면 '규소'는 어디에 사용될까?

규소는 유리, 실리카 오일, 고분자, 고무 등 수많은 물품의 핵심 재료로 쓰인다.

또한 반도체, 트랜지스터, 다이오드, 태양 전지 등에도 사용된다. 즉 21세기의 핵심 원자재라는 의미다. 규소는 전기가 잘 흐르는 도체와 전기가 흐르지 않는 부도체의 중간 성질을 가졌다. 이를 반영하듯 샌프란시스코 지역의 반도체 기업 집약지를 '실리콘 밸리Silicon Valley'라 부르기도 한다.

또한 규소는 화석 연료에 비해 몸에 덜 해롭고 환경오염이 적으며 다루기 쉽다는 점에서 미래 에너지로 평가되고 있다. 바로 이 부분이 필자가 주목한 부분 중 하나다.

그래서 규소는 태양 전지를 구성하는 가장 핵심적인 요소라고 불린다. 현재 규소 화합물을 태워 에너지를 만드는 연구도 진행되고 있으며, 디젤 연료와 비슷한 에너지 효율을 내고 있다는 결과도 나왔다.

또 하나 주목한 부분이 영양이다. 규소는 우리 몸 속의 필수 영양소 중 하나다.

우리 몸의 조직과 조직을 연결하는 시멘트의 역할을 하는 게 콜라겐인데, 규소는 콜라겐을 묶어 결합 조직을 만든다. 만약 규소가 부족하면, 세포에 탄력을 주는 콜라겐 그물이 끊어져 세포가 뿔뿔이 흩어지게 되고 골밀도가 감소하고 동맥경화의 위험성이 높아진다.

무엇보다 규소는 다른 원소와 결합이 쉽고 다양한 구조를 가질 수 있는 비금속 원소다. 다시 말해 개발의 가능성이 무궁무진하다는 것이다.

이런 규소를 처음 만났을 때, 필자는 생각했다. 이 원소를 어떻게 활용할 수 있을까?

미래 에너지로서의 가능성, 생명 연장에 대한 가능성, 21세기 핵심 부품 생산에 대한 가능성 등 생각은 복잡하게 급류를 탔다.

더욱이 필자는 규소라는 단어를 들었을 때까지만 해도 그쪽 분야와 관련이 없는 일을 하고 있었다. 그래서 지인들에게 규소의 이야기를 꺼냈을 때 "하던 거나 잘해."라는 핀잔을 듣기도 했다.

그런데 하던 것이나 잘하는 게 과연 맞는 말일까. 사실 하던 것을 잘하는 것도 쉬운 일은 아니다. 사업을 하면서 우리는 수많은 변수를 맞는다. 그 변수들은 때로 아주 잘하고 익숙한 분야에서도 나를 바보로 만드는 경우도 허다하다.

사업을 하면서 플랜B가 없는 것은 매우 불안한 상황이라고 볼 수 있다.

영원한 블루오션은 없으며, 우리가 대기업이 아닌 이상(설혹 대기업이라 하더라도) 한두 개의 기술만으로 10년 이상을 끌어갈 수는 없다. 그 분야에서 매우 독보적인 존재가 아닌 이상 말이다. 모두가 1위를 하고 싶지만, 그럴 수는 없다. 그래서 플랜 B를 세워야 한다.

신기술 개발은 바로 플랜B의 정수다. 남들이 나아가지 않는 분야를 개척하는 것. 그것은 사업의 생명을 좀 더 연장 시킬 수 있다는 의미가 된다.

물론 기술 개발 자체가 쉬운 것은 아니다. 그러나 개발도 하기 전부터 어렵다고 판단하는 것은 바보 같은 일이다. 그럴 때는 명심하자. 세상에 힘들지 않은 일은 없다. 어떤 거목도 처음에는 작은 씨앗이었다. 의지라는 씨앗을 가지고 있다면 그것은 분명히 싹을 내리게 마련이다.

모든 것이 준비된 상황에서 신기술 개발을 하는 것은 마치 서울에서 집을 사면 결혼하겠다는 말과 같다. 지금 하던 일을 지속하면서도 틈틈이, 그러나 꾸준히 찾아야 한다. 내 사업의 플랜B를 말이다. 그리고 그것이 때로는 필자처럼 다소 엉뚱한 '규소'가 될지언정 찾았다고 생각하면, 일단 도전해보자. 도전은 그리 어려운 것이 아니다. 책을 찾아 읽어보고, 강의를 듣고, 실제 활용한 제품들을 찾아보는 것이다. 그렇게 한 걸음 나아가는 것, CEO가 할 일이다.

2

마음을 끌어당기는 규소

규소라는 단어가 마음에 꽂히고도 몇 년이 훌쩍 지났다. 개인적으로 진행 중인 사업을 본궤도에 올려야 했기 때문에 규소 하나만 집중할 수는 없었다. 그럼에도 짬이 날 때마다 규소에 대한 정보를 모았다. 그중에는 맞는 이야기도 있었고 가끔씩은 너무 허무맹랑한 이야기도 있었다. 허무맹랑한 이야기는 대부분 규소를 활용한 어떤 제품들을 판매하고자 하는 것으로 기실 규소와는 거리가 먼 그냥 규소가 일부 첨가된 제품임에도 마치 규소로 만들어낸 것처럼 과대광고를 하는 것들이었다.

처음에는 거르지 못하고 자료를 모았으나, 차츰 정리가 되기 시작했다. 자료의 정확성은 크로스체크를 하면서 범위를 좁혀가면 된다. 처음에는 방대한 자료를 모아놓고 비슷한 자료끼리 겹치는 부분만을 찾아서 추리면 된다. 시간과 품이 좀 들지만 이럴 경우 유의미한 단단한 결과를 찾아낼 수 있다.

몇 년의 시간을 들여 찾아낸 규소의 효능도 그러했다. 일단 필자는 반도체 쪽이나 미래 에너지 쪽은 접어 두었다. 도전하기도 쉽지 않을뿐더러 무엇보다 막대한 자금을 필요로 했다. 그리고 상대가 막강했다. SK나 삼성 라인과 감히 맞설 생각은 애초부터 나지 않았다. 그래서 방향을 튼 것이 바로 인체에 대한 영향이었다.

규소의 효능 중 공통적으로 나온 첫 번째 효능은 바로 혈액 정화다.

혈액은 혈관을 통해 흐른다. 혈관은 우리 몸의 구석구석에 영양분과 산소를 공급하는 관이다. 크기와 모양은 모두 다르지만 공통적인 것은 혈액이 흐르고 있다는 점이다. 그리고 이런 혈액에는 백혈구와 적혈구가 존재하고 이들이 영양분과 산소를 이동시킨다.

그런데 만약 신체의 가장 중요한 기관인 심장과 뇌, 폐 등으로 영양분과 산소를 실어 나르는 혈액과 혈관이 깨끗하지 못하고 좁혀져 있다면, 큰 문제가 된다. 깨끗한 혈액만 흐르는 것이 아니라 여러 가지가 뭉쳐서 흐르면서 얇은 혈관들을 막아 버리거나 오랜 시간 혈관벽에 때가 축적되어 서서히 그 흐름이 약해지는 순간 우리 몸은 죽어가게 되는 것이다.

실제로 이런 현상 중 하나가 심장으로 가는 혈관의 주요한 분지가 막혀서 오는 심근경색이다. 심장뿐일까. 폐로 가는 혈관이 막히면 폐색전증, 뇌로 가는 혈관이 막히면 뇌경색이 발생한다.

실제로 주요한 분지가 완전히 막히지 않더라도 미세한 혈관들이 서서히 막혀가면서 전체적인 영양분과 산소의 공급량이 감소하게 되면, 그 기관의 기능은 자연스럽게 떨어지게 된다.

혈관성 치매는 90% 이상이 뇌졸중을 경험한 적이 있을 정도로 혈관과 혈액의 건강은 기능의 건강도에 큰 영향을 미치게 된다.

이런 혈액과 혈관을 오염시키는 요인에는 어떤 것들이 있을까.

가장 중요한 요인은 콜레스테롤이다. 콜레스테롤은 세포막을 구성하고 담즙산을 생성하며 스테로이드 호르몬의 원료로 사용되는 우리 몸에 반드시 필요한 성분이지만, 현대인의 경우 과잉 섭취하는 경우가 태반이다. 넘치는 콜레스테롤은 혈액에 남아돌면서 저밀도 콜레스테롤LDL이 산화되고 산화된 저밀도 콜레스테롤은 염증 반응과 함께 혈관벽에 침착해 혈전, 즉 피떡을 생성한다. 바로 이런 것들이 혈관과 혈액을 오염시키는 주범으로 작용하게 된다.

LDL을 높이는 요인으로는, 앞서 언급한 과당과 설탕의 과도한 섭취뿐만 아니라 고혈압, 불면증, 과도한 업무 등도 LDL을 쉽게 산화시키는 산화 스트레스로 같이 작용한다. 또한 콜레스테롤이 혈관에 침착하는 과정은 그 자체로 염증 반응이기 때문에 체내 염증 반응을 과잉하게 만드는 장 누수, 부신 피로 등의 질환도 문제가 될 수 있다.

반면 오염된 혈액을 정화하는 방법은 매우 어렵고 돈이 많이 든다.

병원에서 하는 '광양자 치료'라는 것이 있는데 대략 1회 비용이 수십만 원에 이르지만, 그 효과는 명확하지 않다. 더군다나 1회에서 그치는 것이 아니라 수십 회를 받아야만 한다고 한다.

또 환자의 피를 뽑아 정화시킨 다음 혈액을 몸속으로 되돌려 보내는 이른바 '혈액정화요법'이라는 것도 있는데 적게는 200만 원부터 많게는 500만 원에 달하는 데다 그 효능도 정확히 입증되지 않았다. 이외에는 엄청난 고통을 유발하는 혈액투석기를 이용한 방법이 있다. 물론 혈액투석기는 상태가 최악으로 치달은 사람에게 쓰이기는 하지만, 그만큼 혈액정화 치료는 어렵고도 돈이 많이 든다는 것을 의미한다.

할 수만 있다면 혈액은 항상 청정하게 유지해야 한다. 그것이 만병을 극복하는 치료다.

그런 점에서 규소의 공통적 특징은 확실히 주목을 끈다. 규소는 체내에 흡수되자마자 산성화된 혈액을 신속하게 정화하는 성질을 가지고 있다고 한다.

더욱이 혈관은 혈관을 튼튼하게 하는 효소가 있는데 규소가 있어야만 활성화돼 건강을 유지할 수 있다. 혈관은 규소를 많이 함유하고 있는데 나이가 들수록 규소가 감소하기 때문에 혈관벽에 지방이 침착하기 쉬워진다. 이는 곧 혈관이 딱딱하게 굳어지는 동맥경화와 직결된다. 실제 동맥경화가 진행된 사람들의 동맥에는 건강한 사람들의 동맥에 비해 규소가 불과 1/14 정도의 아주 소량만 남아 있다고 한다.

일본규소의료연구회가 발표한 〈수용성 규소의 힘〉(2015년)을 보면 "규소가 중요한 재료가 되고 있는 인체의 장기로 무엇보다 중요한 것은 혈관이다."라는 부분이 있다.

즉, 혈관을 구성하고 있는 물질 중 하나가 규소라는 것이고 규소의 유무는 혈관의 노후화와 직결된다는 것이다. 혈관이 노후화되면 회복이 더딘 것은 어쩔수 없는 일이다.

일본연구회는 이를 증명하기 위해 실험용 쥐를 통한 결과를 발표했다. 세세하게 다 적을 수는 없지만 핵심만 간단하게 추리면 수용성 규소에는 동맥경화의 원인이 되는 콜래스테롤이 산화되는 것을 방지하고, 혈류장애를 방지하는 역할을 한다고 결론이 나왔다.

정리해보자면 규소는 산성화된 혈액을 정화해 건강한 혈액으로 되돌려 주며 혈액순환을 촉진시켜서 뇌혈관, 심혈관, 말초혈관 질환 등의 증상을 예방하고 개선하는 데 도움을 준다는 것이다.

특히 강력한 침투력과 정화작용은 혈액 중의 중성지방을 분해하고 혈관벽에 붙어있는 지방을 녹여 배출시키는 효과도 유발한다고 한다.

자료가 여기까지 모이니, 규소를 활용한 상품을 만들고 싶다는 생각이 들었다. 그러나 이전에 해야 할 일이 있다. 모은 자료가 정확히 사실인지를 확인해야 하는 것이다.

신기술 개발은 어찌 보면 헛소문이나 가짜 속에서 사실을 찾아내는 작업이다. 여러 단서들을 모으고 그것을 조합하고, 공통된 점을 찾아낸다. 그리고 그것이 맞는지를 확인하는 작업을 거쳐야 한다. 과거에는 물어볼 데도 마땅찮고 관련 기술이 지지부진해 답을 얻을 수 없는 경우도 많았다. 그래서 자체적으로 실험하고 결과를 도출했지만, 대부분 변수에 막혀 무너지고 말았다.

지금은 다르다. 전문가인 대학교수에게 자문을 구할 수도 있고, 학계 논문도 오픈돼 있다. 관련 자료를 서치하고 이해가 안 되는 부분은 발품을 팔아서 전문가를 만나 이야기를 들으면 된다. 물론 비용은 어느 정도 들겠지만, 그 정도의 투자는 아무것도 아니다. 비용이 아깝다면 관련 학회의 세미나를 청강하는 것도 아주 좋은 방법이다. 필자도 규소와 관련한 학계 모임이 있을 때는 가능한 참석하려고 노력했다. 그리고 그 과정에서 전문가인 대학교수를 만나 도움이 되는 조언을 듣기도 했다.

신기술 개발은 진실을 찾아가는 과정과 유사하다. 그러니 움직여야 한다. 앉아서는 아무것도 할 수 없다.

3
가짜가 판치는 세상

필자와 알고 지내는 50대의 한 지인은 평소 음주와 흡연을 매우 즐기는 타입이다. 그 역시 사업을 하는데 스트레스가 많고 영업을 위해 술자리가 매우 잦다.

실제로 퇴근 후 그와 통화할 경우 열에서 아홉은 술자리 중이었다. 그는 늘 만날 때마다 운동을 하겠다고 말했고, 골프도 배웠지만 그리 오래가지는 않았다.

결국 그는 어느 날 심장 쪽에 통증을 느끼게 됐고 병원을 찾았다. 병명은 천청벽력같게도 '동맥경화증'이었다.

동맥경화증은 콜레스테롤, 단백질, 노폐물 등의 농도가 높아지면서 혈액 안에 각종 노폐물이 쌓이면서 발생한다. 또한 당뇨병, 고지혈증, 고혈압이 있는 경우에도 동맥경화증 발생 확률이 높아진다.

노폐물로 인해 혈관이 좁아지고 혈관이 딱딱하게 굳으면서 혈액순환에 방해를 받게 되는데 이로 인해 뇌경색, 협심증,

부정맥, 발기부전 등의 각종 질환들이 발생하게 된다.

결국 문제는 혈관인 셈이다.

이 지인의 동맥경화증 소식을 들은 지인 그룹들은 한동안 부산해졌다. 갑작스레 술자리가 줄었고, 일부는 부지런히 운동을 다니기도 했다.

그러던 중 B라는 지인에게 '혈액정화 치료법'을 받는다는 이야기를 들었다. 금액은 수백만 원을 호가했는데, 그의 말을 빌리자면 이것만 받으면 다시 건강한 2~30대의 혈관으로 돌아갈 수 있다고 했다.

한마디로 압축하면 "당신 몸의 피를 정화시켜 새 피로 바꾸면 질병을 고칠 수 있습니다."라는 것이다.

치료 방식은 환자의 피를 뽑아 정화시킨 다음 혈액을 몸속으로 되돌려 보내는 형태다.

보통 4시간 정도가 걸리며 환자의 팔이나 대퇴부, 목에 2개의 주사를 꼽고 주사 2개를 이용하여 하나를 통해서는 탁한 혈액을 혈액 정화기로 보내고, 나머지 하나를 통해 정화된 혈액을 다시 몸속으로 되돌려 보낸다.

그에게 혈액정화를 권했던 병원은 혈액 속에 있는 콜레스테롤, 동맥경화 유발물질, 노화물질, 각종 바이러스, 중금속 등 해로운 노폐물을 걸러낸다고 말했다.

틀린 말은 아니다. 혈액이 정화된다면 개선될 수 있는 질환은 다양하다. 뇌졸중 치료 및 예방, 심근경색 치료, 혈관성 치매, 천식과 아토피 개선, 발기부전 개선, 심지어 시력이 좋아지고 망막 질환이 개선까지 있다.

그렇다면 정말 그럴까. 알고 지내는 신장내과 의사에게 말했다. 펄쩍 뛰었다.

"말도 안 되는 소리 하지 마라. 혈액 투석은 콩팥 기능이 원활하지 못한 환자들을 대상으로 하는 시술이다. 건강한 사람들이 절대로 해서는 안 되는 검증되지 않은 시술"이라고 손사레를 쳤다. 그는 이어 "피를 걸러내서 외부로 보내고 다시 돌려보내는 과정에서 감염 위험에 노출될 수 있으며 심지어 죽을 수도 있다."고 말했다.

그는 또 "혈액이 재주입되는 과정에서 이물질이 통과할 수 있고 혈소판, 혈구 세포들이 깨지면서 각종 감염 및 부작용 위험이 발생할 수 있다. 건강한 콩팥을 가진 사람이 외부에서 피를 걸러내어 다시 피를 주입하는 과정을 거쳐야 할 이유도 없고, 혈액정화요법이 뇌졸중 등 각종 질병에 좋다는 것에는 의학적 근거가 없다."며 지인을 말리라고 전했다.

우리는 병원에서 어떤 치료를 권유받으면서 좋아진다는 말을 많이 듣는다. 치료를 한다는 것은 이미 어느 정도 병증이 있다는 의미다.

그렇기에 의사의 말을 덜컥 믿지만, 그래서는 안 된다.

어떤 치료나 시술에 대한 신뢰성을 확인하려면 건강보험 적용 여부만 체크하면 된다. 건강적용이 안 되면 치료 효과가 의학적으로 검증되지 않았다는 의미다.

전문의들은 혈관질환을 예방하기 위해서는 식습관 개선이나 주기적인 운동 등을 통한 예방이 최우선이라고 말한다. 거기에 혈관을 이루는 물질 등을 주기적으로 보충하면 더욱 좋다.

위의 일련의 상황은 필자로 하여금 규소 제품 개발에 더욱 몰두하게 했다. 처음에는 호기심이었는데, 시간이 지나니 이 제는 어떤 신념이 되어가고 있었다.

물론 과정에서 몇 번이나 이게 맞는지 의심이 들고, 수없는 질문을 던졌다.

이런 질문에 대한 답이 지난 2021년 이시형 의학박사가 출 간한『강력한 규소의 힘과 그 의학적 활용』이라는 책에 나와있 다. 이 책을 읽어보면서 공감하는 바가 매우 컸다. 다만 이 시 기에는 이미 필자의 규소관련 제품 개발이 끝나 있는 상태였 고, 관련 회사를 만들기 위해 분주한 시기였다. 그저 필자의 생각이 맞는지 수백 번 검증하는 단계 중 하나였지만 굉장히 치밀하게 쓴 책이어서인지 쉽게 매료됐다.

책 내용을 보면 많은 질병들의 치료법이 개발됐다고는 하지 만 아직까지 현대 의학으로도 그 실체나 치료방법을 명확하게 밝혀내지 못한 병증들도 많다. 이러한 현대 서양 의학의 한계 를 극복하기 위해 일각에서는 대체의학, 전통의학 등에 대한 연구로 현대 의학의 지평을 넓혀 나가야 한다고 주장한다.

이 박사는 책을 통해 독일, 일본 등지에서는 이미 건강을 지키는 중요한 미네랄의 일부로 받아들여지고 있으나 국내에서는 아직 생소한 '수용성 규소'의 존재와 그 효과를 알려주고 있다.

규소의 다양한 화합물 중 '먹는 규소'인 수용성 규소의 존재는 사실 몇몇을 제외하고는 매우 생소한 분야다. 이 박사는 이런 생소한 분야를 꼭 지켜야 할 건강 습관으로 자리 잡도록 해야 한다고 강조한다. 그는 현대 사회에서 건강을 지키기 위해 수용성 규소를 반드시 섭취해야 하는 이유를 해부학적 측면, 화학적 측면, 면역학적 측면에서 나눠 설명한다.

그가 밝힌 규소의 효능은 아래와 같다.

· 뼈와 혈관의 재료가 되어 혈관질환과 골다공증을 예방한다.
· 강력한 항산화력으로 우리 몸의 활성산소를 줄이고 암 발생을 억제한다.
· 흉선, 장관, 비장 등의 장기에 작용하여 면역력의 핵심이 된다.
· 식이섬유의 주요 성분으로서 장내 플로라(미생물계)를 활성화시킨다.

나아가 그는 단순히 성분이나 효능만을 이야기하지 않았다. 일본, 영국에서 규소수의 보조적 활용을 통해 난치병 환자를 치료한 사례와 현직 한의사가 혈압, 고지혈증 등의 환자들을 대상으로 규소수를 활용한 사례 등을 첨부했다.

이 박사의 책은 그동안 여러 과정을 통해 익히 들어 알고 있는 것이었다. 하지만 그대로 반가운 것은 대체의학에 대한 전문가들의 관점이 판이하게 나뉘고, 아직 수용성 규소에 대한 연구 데이터가 축적되지 않은 상황이었기에 그동안 나름의 고민이 많았다.

과연 연구자들의 데이터가 일상에 적용될 수 있는가? 그 데이터의 신뢰성은 어느 정도인가? 이것을 상품화했을 때 반응이 있을 것인가? 등 수없는 고민에 고민을 거듭했다. 그럼에도 필자는 도전을 멈추지 않았다. 알려지지 않았다고 해서 효과가 없는 것은 아니다. 토마토도 처음엔 먹으면 죽는 '악마의 과실'이라고 불렸다. 그러나 한 농부가 직접 사람들 앞에서 잘라서 먹는 것을 보이고 난 뒤에서야 비로소 대중들에게 퍼지게 됐다. 신기술이란 그런 것이다. 처음엔 자신 속 의심의 눈과 싸워야 하고, 후엔 대중의 편견과 싸워야 한다. 그래서 가치가 있는 것이다.

4

수용성 규소를 만나다

규소라는 단어를 접하고 수년이 지났다. 그동안 시간이 날 때마다 자료 수집을 해왔고, 어느 정도 확신이 서자 전문가들을 만나며 규소의 효능을 검증해왔다. 일본과 독일에서도 활발히 연구가 진행된다고 해서 찾아서 상당한 시간 그들의 이야기를 들었다.

최종적으로 1차로는 수용성 규소수의 개발이었다. 그리고 2차로는 환경 정화를 위한 물질 개발이었다. 후술하겠지만 규소의 활용 범위는 매우 넓었다. 특히 하구둑의 정화에서 탁월한 효능을 발휘했다. 이 역시 오랜 시간 규소에 대해 공부하면서 알게 된 사실이었다.

규소는 체내에서 합성되지 않는 물질이다. 즉 태어날 때 주어진 양이 존재하는 것이다. 그리고 규소 같은 물질을 통칭해서 부르는 것이 무기질, 미네랄이다.

미네랄은 체내에서 합성되지 않기 때문에 음식이나 건강기능식품 등을 통해 섭취해야 하는 영양소다. 우리 몸에서 필요로 하는 미네랄의 양은 아주 적지만, 부족할 경우 다양한 건강 문제를 일으키고 신체 기능을 떨어뜨린다.

특히 규소는 우리 몸에서 세포를 만드는 가장 기본적인 물질이기 때문에, 부족할 경우 신체의 전반적인 기능이 떨어지기 쉽다.

규소는 산소 다음으로 지구상에 많이 존재하는 원소다. 인체 세포막을 구성하는 주성분으로, 식물의 세포막인 식이섬유도 대부분 규소로 이루어져 있다. 규소는 세포막에 분포하면서 세포막이 탄탄하게 자리잡을 수 있도록 형태를 유지해준다.

수년 전 미국의 유명 모델인 미란다 커와 배우 카메론 디아즈가 피부 건강과 탄력을 위해 규소수水를 마신다고 밝히기도 했다.

관련 논문은 주로 독일과 일본에서 쏟아져 나오고 있다. 규소의 면역력 증진과 항염증 효과, 암 성장 억제 효과 등에 관한 연구가 그것이다.

지금까지 알려진 규소의 효능은 혈액정화, 활성산소 억제, 미토콘드리아 활성화, 면역 증진, 피부 탄력, 중금속 배출 등이다.

규소는 활성산소의 불안정한 전자와 결합해 활성산소를 무해한 산소로 바꾼다. 또한 모세혈관을 만들기 때문에 기존의 경화되고 딱딱한 혈관에 탄력을 준다. 세포 실험을 통해서 규소가 임파구 증식 촉진 효과가 있기도 하다.

　암세포 성장을 억제하고 암 발생을 줄이는 데도 상당한 역할을 한다. 이는 미트콘드리아를 활성화시키는 작용을 하기 때문인데, 몸속 에너지 발전소이자 세포 건강을 책임지는 미토콘드리아가 변종되거나 약해지면 암세포가 성장하는 단초가 된다. 규소는 미토콘드리아의 먹이로서 건강한 미토콘드리아가 많아지고 활발하게 활동할 수 있도록 돕는다. 또 우리 몸의 면역세포 훈련소이자 암과 싸우는 흉선을 강화시킨다고 알려져 있다.

　이밖에도 장점들은 매우 많다.

- 면역력의 증강: 면역시스템은 백혈구의 T림프구, 과립구 등 수많은 면역세포에 의한 공동 작업이다. T림프구는 앞가슴 부위의 흉선에 자리하는데 40대를 기점으로 위축되기 시작해 0~80대에서는 10% 이하로 위축되므로 면역력이 크게 저하되고 건강을 잃게 된다. 규소수는 이런 면역력 저하를 늦추는 역할을 한다.
- 활성산소의 제거: 활성산소는 체내에서 사용하고 남은 2~3% 정도의 활성도가 높은 산소로 산소보다 10,000배 정도에 이르는 활성도를 갖고 있어 체내에 침투한 세균 등을 죽이는 등 면역력 증강에 공헌하기도 하지만 활성도가 너무 높아 자신의 힘을 주체하지 못하고 정상세포를 공격한다. 이런 활성산소는 암, 당뇨, 동맥경화, 뇌졸중,

심장질환 등 생활습관병 외에도 노화, 아토피, 갱년기장애, 유전자 손상에 의한 세포의 변이 등을 유발하기도 한다. 규소는 강력한 음이온의 작용과 −400mv 정도의 강력한 환원력으로 활성산소를 중화한다.

· 숙취의 해소: 이것도 규소와 관련된 논문에 많이 나오는 것으로 숙취의 원인은 술에 함유된 에틸알코올을 간에서 분해하는 과정에서 생성된 아세트알데히드 성분 때문이며 그 외에 산화물의 독성, 알콜의 탈수작용, 에너지부족, 체액의 산성화, 저혈당 등이 복합해서 일어난다. 규소의 정화작용과 세포 활성화는 이런 숙취를 완화해주는 효과가 있다.

· 만성피로 개선: 만성피로 증후군은 스트레스, 몸살기운, 무기력증, 우울증, 불면증 등을 수반하는데 피로를 풀어주지 않고 방치하면 심혈관계 질환으로부터 시작하여 모든 질병의 원인이 된다. 피로 물질인 젖산을 없애기 위해 충분한 수분을 공급해 줘야 하는데 물 주머니라고 불리는 규소는 세포에 수분을 공급해 젖산을 체외로 배출시켜 피로를 개선한다.

· 자율신경의 조절: 사람의 의지와 무관하게 스스로 움직이는 심장, 위장, 혈관, 소화액이나 호르몬의 분비 등 생명과 직결되는 활동을 관장하는 교감신경과 부교감신경이 자율신경계다.
이런 자율심경이 균형을 잃었을 때 자율신경실조증이 나

타난다. 주로 갱년기에 접어든 사람들 중에 특별히 아픈 곳이 없는데 온몸이 아프다거나, 우울증, 두통, 현기증, 피로감, 불면증, 경련, 수족냉증, 이상 발한, 변비, 설사 등을 보이는 갱년기 장애 등이 자율신경실조증에 의한 증상이다. 규소의 장기 복용은 교감신경의 과도한 흥분을 억제하고 부교감신경의 침체를 자극해 자율신경을 안정시키고 불면증해소에도 도움이 된다.

이밖에도 많은 데이터는 없으나 △소염 진통 효과 △치주염 완화 △피부 노화 개선 △안정적인 영양 공급 △나트륨 농도의 저감 등의 효과가 있다고 알려졌다.

결국 위의 상황을 종합하면 인간의 질병은 노화에서 오는 것이고 그 노화는 규소 같은 무기질의 부족에서 발생한다.

나이가 들수록 규소가 몸속에서 감소하고, 체내 합성이 되지 않기 때문에 식품 등으로 충분히 섭취해야 한다. 현미와 통밀, 감자, 아스파라거스, 생간, 가리비 등인데, 가끔씩은 먹을 수 있지만 항시 복용은 어렵다. 일본규소의료협회에서는 최소 80mg의 규소 섭취가 필수적이며, 연령이 높을수록 보다 많은 섭취가 권장된다.

그래서 수용성 규소가 필요한 것이다. 이미 국내에서도 필자처럼 수용성 규소에 대한 관심을 가지고 상품 제작에 돌입한 경우도 있다. 하지만 다소 원시적이다. 농축 상태의 원액을 물에 희석하는 방법이었기 때문이다.

이에 필자가 구상한 사업은 수용성 규소의 액체화였다. 물에 규소를 첨가하는 것이다. 규소뿐만 아니라 미네랄을 추가해 수시로 장복하도록 하는 방법을 강구했다. 물론 이미 상용화된 제품도 있다. 하지만 시장은 여전히 폐쇄적이다. 개발하는 것도 어려울뿐더러 효과 입증을 위한 검증도 필요하다. 준비기간이 길었던 만큼 필자는 제일 먼저 특허권을 취득하는데 집중했다. 그 결과 관련 특허 건만 여러 건이고 전문가들을 통한 검증서도 받았다.

신기술 개발은 CEO들의 생존을 위한 필수 플랜B이지만, 동시에 새로운 미래다. 급하게 해서는 절대 안 된다. 신중하다 못해 돌처럼 묵직해야 한다. 의심하고 검증하고, 또다시 의심하면서 신뢰가 새는 곳을 막아야 한다. 그렇지 않으면 신기술은 독이 되기 마련이다.

도전은 멈춰서는 안 되지만, 확실하게 준비해야 한다. 아무 준비도 없이 링 위에서 올라가 챔피언과 싸울 수는 없다. 챔피언에게 도전하겠다는 것은 용기이고 의지이지만, 링 위에 올라가기까지 노력하고 또 노력하는 것은 아주 당연한 과정이다. CEO는 용기가 없으면 안 되지만 용기만 있으면 또 안 된다. 용기와 더불어 철저한 준비와 묵직한 기다림이 있어야 한다. 고기가 클수록 낚시대를 빨리 당겨서는 안 된다. 인내와 기다림은 CEO의 당연한 덕목이다.

5

노화와 규소

동서양을 막론하고 오래 살고자 하는 것은 인간 본연의 욕구이자 가장 큰 욕망이다.

다만 단순히 오래 사는 것을 원하는 사람은 없다. 건강하게 오래사는 것, 혹은 덜 늙어 보이면서 주어진 최대 수명을 누리는 것, 그것이 인간이 원하는 욕구다.

그렇기에 현대 의학에서 노화방지의 목표는 바로 최적의 건강상태로 최대의 수명을 사는 것이라 할 수 있다.

이에 인류는 역사적으로 노화에 대한 싸움을 해왔다. 그 결과 21세기의 과학 수준은 젊어지지는 못하지만 좀 더 천천히 늙게 하는 데까지는 발전을 해왔다.

노화 진행의 억제는 수술이나 놀랄 만한 어마어마한 것을 복용해서 오는 것은 아니다.

일상생활에서의 식이요법과 운동, 적절한 영양소 섭취가 도움을 준다. 다만 과거에는 이러한 것들을 개별적으로 진행해

왔기에 큰 효과가 없었다.

노화의 방지나 억제는 생각보다 여러 방면에서 조합이 필요하고 그에 따른 시너지 효과도 다르다. 노화 방지요법은 단기간에 이루어지는 특정 치료법이 아니라 매일의 삶 속에서 꾸준히 지속되어야 하는 생활요법이다.

일단 대중적으로 알려진 방법은 〈서울대학교 의과대학 국민건강지식센터〉가 추천하는 방법이다.

서울대 의과대학에서 제시하는 노화방지 요법에는 식이요법, 운동요법, 영양소 공급, 호르몬 대체요법 등이 있다.

식이요법의 경우 노화 방지를 위해서는 다양한 식품을 골고루 먹되 몸을 구성하는 세포의 손상은 막고 생성은 촉진시키는 식이를 해야 한다. 이를 위해 산화 반응(세포를 손상시켜 노화를 유발함)을 최소화할 수 있는 식품을 섭취하고, 항산화제 섭취를 최대화해야 한다. 권장되는 음식으로는 곡류, 콩류, 과일, 채소 등이 있고, 지방, 육류, 고열량 식품, 술 등을 피하는 것이 좋다.

노화방지 운동요법은 새로운 세포의 생성과정을 촉진시키고, 세포 보호작용을 강화하며, 손상된 세포의 복구작용을 보다 신속하게 도와주는 것이 주된 목적이다. 여기에는 유산소 운동, 근력 운동, 유연성 운동이 있다.

노화방지를 위해 꼭 해야 하는 것이 바로 영양소 공급이다.

노화방지 물질로는 비타민과 미네랄 등의 필수 영양소, 셀

레니움 등의 항산화 영양소, 라이코펜 등의 항산화 식물성 화학물질, 인삼 등의 항노화 허브, 은행 등의 뇌 영양소 등 다양한 종류의 수없이 많은 물질들이 존재한다. 이 중 자신의 체질과 맞는 영양소를 주기적으로 공급하는 것이 중요하다.

호르몬 요법도 필요하다. 대표적인 노화방지 호르몬으로는 각종 남성 및 여성 호르몬, 성장 호르몬, 멜라토닌, DHEA 등이 있다. 하지만 호르몬 대체 요법은 증상 완화 이면에 다양한 형태의 부작용이 존재한다. 그러므로 노화방지 호르몬 대체요법은 호르몬 검사를 통해서 결핍 여부를 확인한 후 특정 호르몬이 결핍되어 있으면서 이와 관련한 증상(예를 들면, 폐경기의 얼굴 화끈거림)으로 일상 생활에 지장을 주는 경우에 한해 제한적으로 사용하는 것이 좋다.

최근 노화와 관련해 인간의 노화는 일정한 속도로 꾸준히 진행되는 것이 아니라 세번에 걸쳐 극적으로 진행된다는 연구 결과가 발표됐다.

스탠퍼드 대학에서 실시한 한 연구에 따르면 노화는 3단계로 이뤄져 있으며 균일하게 발생하지 않는다고 한다. 이 연구는 '자연 의학Nature Medicine' 저널에 발표됐는데, 해당 연구 결과를 보면 인간에게는 총 5개의 노화 지표가 있다고 설명한다.

△느려진 신진대사 △약해진 뼈와 뼈 구조 △기억력 감퇴 문제 △수면 패턴의 변화 △근육 구조 악화가 그것이다.

이러한 매개 변수를 기반으로 가장 급격한 노화 시기를 3회

정도로 가늠해볼 수 있다.

첫 번째는 34세, 두 번째는 60세, 세 번째는 78세다. 따라서 이 관점으로 보면 우리가 나이 들기 시작하는 시기를 34세라고 할 수 있다.

신경학 및 신경 과학 교수이자 그 연구의 책임자인 토니 위스−코레이Tony Wyss-Coray 박사에 따르면, 혈액 매개 단백질의 현저한 변화가 위에서 언급한 나이에서 발생한다고 한다. 그것이 바로 노화의 정점을 나타내는 지표다.

이는 나이와 상관이 없을 수도 있다. 실제 나이는 전통적 개념의 나이를 의미한다. 즉, 태어났을 때부터 몇 년 동안 살았는지를 나타낸다. 이는 기본적으로 사회적, 문화적 지표이지만, 생물학적 관점에서도 매우 중요하다.

생물학적 나이는 세포 퇴화로 측정된다. 더욱 정확하게는 세포의 오작동을 복구하기 위한 신체의 에너지 용량이라고 할 수 있다. 즉 사람은 나이를 점진적으로 먹듯이 노화도 점진적으로, 서서히 진행되는 것이 아닌, 특정 시기에 확 늙는다는 것이다. 바로 이 시기에 영양소 등을 보충한다면 노화를 억제할 수 있는 것이다.

이런 점에서 규소의 활용은 주목할 만하다. 규소가 가진 가장 큰 효과 중 하나가 바로 노화의 억제이기 때문이다. 이는 인체와 규소와의 관계성에서 비롯된다.

일본규소의료연구회는 노화의 원인을 '신체가 규소 저장능력을 잃어 버릴 때'라고 규정하고 있다. 즉 노화가 시작이 될 때 체내에 수용성 규소를 충분히 공급해 주면 건강한 생활을 좀 더 연장할수 있다는 것이다.

물론 연구회가 주장하는 '절대로 병에 걸리지 않는 건강한 생활'은 다소 과장된 내용이긴 하지만 규소가 체내에 있고 없고는 큰 차이가 있다.

인체의 노화는 규소의 고갈 시점부터라고 볼 수 있는데 이를 밝혀낸 것은 미국이었다.

미국 매사추세스주 플레밍햄시에서 약 50여 년에 걸쳐 진행된 코호트실험 결과 '인체의 노화는 규소의 고갈로부터 시작된다', '골다공증은 칼슘 부족이라기보다 규소의 부족이 원인이다.'는 결론이 도출됐다고 한다.(출처 한국 바이오 규소학회)

실제로 노화가 빨리 찾아오며 특히 어느 날 갑자기 늙어 버렸다는 조로증 환자들은 규소가 완전히 고갈된 상태라고 한다. 규소가 부족하면 피부가 늘어지고 주름이 많아지며, 손발톱이 깨지고 백모 탈모가 많이 생긴다. 혹은 등이 굽거나 뼈가 변형되고 통증이 잘 발생하며 골다공증이 발생하여 쉽게 골절상을 입게 된다고도 한다.

아울러 혈관이 탄력성을 잃게 되어 동맥경화, 뇌혈관 질환, 심장질환이 자주 발생한다.

약 60조 개에 이르는 세포로 구성된 인체는 콜라겐의 접착제 역할을 통해 인체의 형태와 피부의 탄력을 유지한다. 이런 콜라겐은 식품이나 건강식품 등으로의 원하는 양만큼 보충이 어려우나 규소는 신체 내부에서 이런 콜라겐을 만든다. 규소는 성장기에는 칼슘을 뼈에 운반하는 화물차와 같은 역할을 하고 또한 뼈에서는 콜라겐을 생성해 운반된 칼슘을 뼈에 부착시킨다.

그러나 규소 자체는 인체에서 생성할 수 없기 때문에 결국 외부에서 섭취해야 하는데, 필자는 바로 이 부분에 착안해 규소를 활용한 다양한 제품 개발에 나선 것이다. 노화를 영원히 막을 수는 없지만, 할 수 있다면 늦추고 싶은 게 사람 마음이다. 이런 이들에게 수용성 규소를 복용해보는 것을 권장한다. 뭐라도 하는 것이, 안 하는 것보다 낫지 않겠는가.

6

면역력 증진의 끝판왕

규소는 초미세입자로서 침투력과 흡수력이 뛰어나다. 피부나 식품 등에 깊숙이 침투해 세포에 흡수된다. 그래서 스킨, 로션, 영양크림, 선크림, 샴푸, 린스, 발모제, 염모제 등에 희석해 사용하면 화장품에 함유된 방부제가 중화되고 부패를 방지하며 뛰어난 침투력으로 영양물질을 피부 깊숙이 공급한다.

이밖에 모든 식품에 깊숙이 침투해 식품이 가지고 있는 영양분을 최대한 적출해내 세포에서 최대한 흡수하게 한다.

그래서 통상 차나 술, 밥을 지을 때, 식품 조리, 매실이나 약초발효액 만들 때 규소가 첨가된 물을 사용하면 월등한 영양분을 섭취할 수 있다.

실제로 '한국 바이오 규소학회'가 녹차와 고구마를 대상으로 수용성 규소 실험을 한 결과. 녹차의 경우 냉녹차에 수요성 규소를 첨가하면 신속하고 짙게 우려낼 수 있으며 녹차 한 팩으로 5잔 정도를 우려낼 수 있었다고 한다.

또 수용성 규소 희석액으로 재배한 고구마의 경우 안정적인 영양 공급으로 뿌리와 줄기를 거의 만들지 않으며 줄기와 뿌리로 영양분을 빼앗긴 수돗물의 고구마와는 영양분에서 차이를 보인다.

규소는 익히 알려졌다시피 강력한 항산화력을 가지고 있다. 규소는 ORP지수 약 − 400mv의 환원력으로 인체의 산화 방지에 도움을 주며 이러한 작용으로 활성산소를 제거하며 세포 재생력으로 피부 노화 및 탈모, 검버섯 개선 등에 도움을 준다.

산성화된 혈액세포가 재생되므로 백혈구 중의 NK세포 등이 활성화돼 면역력 증가에도 도움을 주는 것이다.

마찬가지로 '한국 바이오 규소학회'에 따르면 항산화력 실험을 한 결과 강한 산성인 요오드팅크 희석액에 수용성 규소를 첨가하면 맑은 물로 중화된다. 이는 산성화된 인체의 혈액과 체액을 맑게 정화하는 데 도움을 줄 수 있는 증거라고 볼 수 있다.

못의 경우에도 수용성 규소 희석액에 담궈 놓으면 오랜시간 녹이 슬지 않는다. 정수기수, 미네랄수, 수소수, 칼슘수 등 각종 건강수에 담그어 놓은 못은 열흘 정도 지나서 모두 녹이 슬기 시작했지만 수용성규소 희석액에 담가 놓은 못은 그보다 더 오랜 시간 녹이 슬지 않았다.

분해력도 주목할 만하다. 규소는 세포의 신진대사를 촉진시킨다. 이런 활동은 체내에 축적된 중성지방 등 유해물질을 분해 배출하는 데 큰 도움을 준다. 또한 혈액과 혈관은 물론 간 건강에도 긍정적인 영향을 끼친다. 수용 성규소 희석액에 쇠고기를 담가 두면 지방이 분해돼 세포 조직이 스펀지처럼 변하는데 이를 활용해 수용성규소 다이어트 제품을 만들기도 한다.

숙취에도 좋다. 간에서 미처 중화되지 못하고 남아있는 아세트알데히드 등 유해 성분을 중화하는 효과가 있다.

분해력 실험의 경우 콩기름에 수용성 규소를 첨가하고 저어주면 지방성분이 분해되는 유화현상이 일어난다. 또 물에서는 분해되지 않는 돼지고기 기름에 규소를 첨가하면 분해되는 유화현상이 일어난다.

분해력은 세정력과 연결된다. 과일이나 채소에 묻어 있는 오염물질이나 농약 또는 인스턴트식품에 함유되어 있는 인공색소, 방부제 등 식품첨가제의 해로운 화학물질들을 규소로 닦아내면 분해와 세정이 동시에 이뤄진다.

특히 주목해야 할 부분은 암 예방에도 효과가 있다는 점이다. 이 부분은 계속 연구가 이뤄지고 있지만, 유의미한 결과가 지속적으로 도출되고 있어 흥미로운 결과가 기대되기도 한다.

암은 본래 건강한 세포의 유전자가 어떠한 원인으로 손상되고 설계도가 망가져 생기는 질병이다. 유전자에 의한 설계도에는 세포의 수명도 기록돼 있는데, 그 부분이 손상되었기 때문에 세포는 죽을 수도 없다.

활성은 잃었는데 죽어서 몸 밖으로 배출되지를 못하니 일종

의 좀비 세포가 된 것이다. 즉 '세포자살=아포토시스Apoptosis'
가 이뤄지지 않아 무한 분열과 증식을 반복하는 것이 암세포
라고 할 수 있다. 이런 무한증식은 주변 장기를 압박해 기능을
떨어뜨리며, 또한 혈관을 새로 형성하여 몸에서 대량의 영양
을 빼앗아가기에 해당 신체는 사망할 수밖에 없다.

  이런 암의 발생 원인은 아직까지는 제대로 밝혀지지 않았으
나 대략적으로 활성산소 때문이라는 학설이 힘을 얻고 있다.

  활성산소의 대부분은 세포 내에서 에너지를 생산하는 미토
콘드리아에서 새어나온 것이다. 이런 미토콘드리아의 활성이
떨어지고 산소 등을 이용한 에너지 생산을 잘못하게 되면 전
자가 불안정한 산소가 많이 생겨 세포 내에 침출된다.

  그것이 세포의 유전자를 손상시켜 암세포가 되는 방아쇠를
당기는 것이이다. 다시 말해 쇠퇴해 활성을 잃은 미토콘드리
아가 암세포를 만들어낸다고 볼 수 있다.

  규소는 강한 항산화력을 지니고 있어 활성산소의 피해를 방
지한다. 규소에는 활성산소의 불안정한 전자와 결합해 안정적
상태를 회복해 무해한 산소로 바꾸는 힘이 있다.

  이렇게 중화된 활성산소는 더 이상 활성산소가 아니고 미토
콘드리아의 조직을 손상시키는 일도 없다. 또한 규소는 인체
의 모든 조직, 장기의 세포를 구성하는 성분이다. 세포를 형
성하고 조직의 보호가능을 하는 미네랄이기 때문에 미토콘드
리아에도 매우 중요하다.

규소는 면역을 담당하는 흉선 및 비장의 기능을 활성화시켜 면역세포의 기능을 강화하기도 한다. 암에 대해 중요한 역할을 담당하는 대표적인 장기가 바로 흉선이다.

흉선은 면역세포를 훈련시키는 기관이며 일반적으로 노화에 따라 쇠퇴하지만 규소를 보충하면 노화된 흉선의 수명이 연장되고, 활성화된 흉선은 계속 필요한 면역세포를 생산해낸다.

여기에 암으로부터 생명을 지키는 신체의 또 다른 방어기제가 바로 장관腸管인데 이곳에서도 우수한 면역세포가 만들어진다. 따라서 장관을 깨끗하게 하고 좋은 균이 우세한 상태로 유지하는 것이 중요하다. 규소(수용성 규소)는 이런 장내 환경을 유익균 우위의 상태로 바꾸고 유지해 주는 데에 탁월한 효능이 있다. 규소에 다량 함유되어 있는 식이 섬유는 장내 세균을 활성화하고 장내 환경을 정돈하면서 장관면역력을 높인다.

동시에 식이 섬유를 같이 섭취해주면 체내 장관이 깨끗해지고 면역세포도 일하기 쉬워진다.

세상에 한 가지만 먹어서 병이 말끔히 사라지거나 예방되지는 않는다. 그런 완전무결한 식품은 인류의 꿈이지만, 아직 개발되지 않고 있다.

다만 규소가 이런 물질에 서서히 근접해가고 있는 것은 사실이다. 인체에서 생성되지는 않지만 꼭 필요한 물질. 그래서 다양한 식품에 숨어 있고, 일정량이 채워져야만 그 효력을 발휘하는 규소는 이제 인류의 다양한 실험과 접목으로 그 가치를 서서히 드러내고 있는 중이다.

모든 물질의 가치는 바로 나오지 않는다. 인간이 끊임없이 연구하고 실험하는 과정을 통해 온전한 가치가 증명된다. 필자 역시 기업가이지만 한편으로는 인류의 생명연장에 대한 열망을 지니고 있는 사람이다. 필자가 만든 상품으로 모두가 나은 생활을 영위할 수 있다면 기업가로서는 더할 나위 없는 축복이다.

이제 출발 지점이라고 생각하지만 그 길이 마냥 험난하고 지루한 길은 아닌 듯하다. 규소의 비밀을 알아갈수록 필자 역시 희망의 싹이 커지고 있기 때문이다.

7

만병통치약은 아니지만…

규소 관련 제품이 가장 활발하게 팔리고 있는 나라는 독일과 일본이다.

일본의 경우 거의 규소를 만병통치약 정도로 취급하는 분위기다. 실제로 관련 책도 어마어마하다. 일본인의 사망 원인은 주로 암, 뇌경색이나 심근경색 등의 혈관 장애, 폐렴으로 알려져 있다. 여기서 암과 뇌경색, 심근경색은 생활습관병이다.

일본은 이런 생활습관병을 예방하거나 치료하는 데 규소가 굉장한 효과를 보이고 있다고 말한다.

일본 규소의료협회가 말하는 규소의 효능만 20가지가 넘는다. 대부분 인체와 관련돼 있으며 그중에는 너무 과장된 것이 아닌가 하는 생각이 들 정도의 효과도 있다.

일본에서는 대략 15년 전부터 규소가 인기를 끌기 시작했다. 순도가 높은 규소(수정)를 2,000℃ 이상의 고온에서 가열하고 발생한 가스를 여과해 이를 물과 결합한 것이 규소수인데,

이 안에는 체내에 흡수되기 쉬운 미세한 분자 상태의 수용성 규소가 자리하고 있다.

처음 탄생했을 때는 누구도 눈여겨보지 않았다. 그러나 질병을 앓고 있던 사람들에게 임상실험을 하면서 입소문을 타고 퍼지기 시작했다.

일부는 난치병을 극복하기도 했으며 일부는 암에서 탈출하기도 했다. 그런 고백들이 일본 매스컴을 통해 알려졌고, 규소의 효과를 찬양하는 단체가 만들어졌다.

그러나 필자가 직접 경험하고 실험해 본 결과 규소가 만병통치약쯤으로 치부되는 것은 경계해야 할 일이다.

사실 우리가 걸리는 질병의 상당수는 영양부족이나 불균형에 있다. 잘못된 생활습관과 몸에 도움이 되지 않는 음식을 장복함으로써 병에 걸린다.

규소는 이런 불균형의 간극을 효과적으로 손쉽게 메워주는 역할을 한다. 장관에 달라붙는 중성지방이나 콜레스테롤, 세포의 유전자를 손상시키는 활성산소 등도 규소가 아닌 식물성 식품을 중심으로 한 식사면 어느 정도 제어가 가능하다. 이른바 식이섬유의 힘이다.

식이섬유의 특징은 체내에서 노폐물이나 불필요한 것과 결합하여 함께 체외로 배출되게 한다. 그 과정에서 중금속이나 화학물질, 암화를 초래하는 과도한 물질 등도 같이 나온다. 이것이 건강에 관심있는 사람이라면 누구나 알고 있는 해독효과다.

문제는 이런 식이섬유 위주의 식생활이 현대인에게는 생각보다 버겁다는 것이다. 사람과 어울리다 보면, 음주나 단백질 위주의 음식을 섭취하게 마련이고 간단하게 때운다는 생각으로 패스트푸드를 먹는 경우도 많다. 규소가 필요한 사람들이 바로 이러한 부류다. 규소를 통해 손쉽게 식이섬유를 채우고 신체 내 부족한 영양소를 보급할 수 있기 때문이다.

규소에는 식이섬유가 다량 함유돼 있다. 식이섬유는 장내 세균을 활성화하고 장내 환경을 정돈하면서 면역력을 높인다. 당연히 식이섬유를 많이 섭취하면 체내는 그렇지 않은 사람보다 깨끗해진다. 질병 등에 걸릴 확률이 확 줄어드는 것이다.

실제로 규소가 풍부하게 들어있는 음식을 보면 알 수 있다.

규소가 많이 함유된 식품으로는 다시마나 미역 등의 해초, 현미, 보리, 피稗, 조粟 등의 전립곡물과 대두 등의 콩류, 우엉, 파슬리, 무, 당근 등의 채소류, 바지락, 대합, 굴 등의 패류가 있다. 이들 모두 식이섬유가 풍부한 식품들이다 .

이런 이유로 일본뿐만 아니라 독일에서도 규소 관련 상품은 매우 높은 인기를 구가하고 있다. 독일은 건강 보조식품 규정이 전 세계적으로 가장 까다로운 나라 중 하나다. 일단 오염되지 않은 자연의 원료를 사용해야 하고, WHO가 정해 놓은 의약품 제조공정 기준을 지켜야 한다.

여기에 임상실험을 통한 의학적 증명까지 의무적으로 마쳐야 한다.

이 정도면 건강 보조식품이 아니라 의약품이다. 이런 탓인지 독일에서는 병에 대한 치료제가 반드시 약일 필요는 없다고 한다. 보조식품으로 충분히 병세가 완화된다면 굳이 병원을 가지 않는 것이다. 이것이 독일식 합리다. 이런 독일에서 건강 보조식품 상위권에 규소 관련 제품들이 랭크 돼 있다. 많은 한국 사람들이 독일에 여행을 갔을 때 구입하기도 한다.

하지만 확실하게 말할 수 있는 것은 지구상의 그 어떤 물질도 완벽한 것은 없으며 만병통치약도 없다는 것이다. 인체는 신비로울 만큼 유기적으로 움직이고 신체에 관한 비밀도 완전하게 밝혀진 것은 없다. 21세기에도 우리는 암이라는 병을 완전히 잡아내지는 못하고 있지 않은가.

세계적인 거부들도 질병으로 사망한다. 그들이 돈이 없어서 약을 구입하지 못하거나 정보가 없어 괜찮은 건강 보조식품을 먹지 못하는 것이 아니다.

나에게 맞는 제품이 있는 것이고, 몸이 그 제품을 받아들일 충분한 시간이 필요하다.

치약을 한 번도 써보지 못한 이에게 치약은 그저 맵고 이상한 맛이어서 이를 더 시리게 만드는 제품이 될 수도 있다.

그럼에도 꾸준히 쓰다보면 결국 그 효능을 이해하고 스스로에게 도움이 된다고 믿게 된다.

규소도 마찬가지다. 몇 번의 단기간 복용으로 위에서 열거

한 효과를 볼 수 있다면, 지금까지 이런 물질에 대한 폭 넓고 깊은 연구가 이뤄지지 않았을 리가 없다.

확실히 사람에게 도움이 되는 것은 맞지만, 그것이 모든이에게 똑같은 결과를 완전하게 줄 수는 없다. 결국은 해당 제품에 대한 신뢰를 바탕으로 오랫동안 사용해서 자신과 맞춰 나가야만 하나라도 효과가 더 발생하는 것이다.

어쩌면 진정한 만병통치약은 조심해서 먹고 조금 더 몸을 움직이고, 햇빛을 자주 쐬는 것이 될 수도 있다.

규소는 내 몸을 완전하게 해주는 내비게이션이 아니다. 시키는 대로 따라서 가면 건강이라는 종착점에 도달하는 게 아니다. 어쩌면 약간은 불친절한 표지판 같은 것이다. 앞으로 몇 킬로미터를 가면 어떤 지점이 나온다 정도만 알려준다. 가다보면 헷갈리수도 있고 믿음이 안 드는 엉뚱한 길을 만나게 될 수도 있다. 허나 표지판은 거짓말이 아니다. 제대로 알려주지 않는다고 해서 도착점이 없는 것은 아니다. 규소를 바르고 마시고, 식품에 첨가해서 먹는 행위는 결국 스스로에게 건강을 위한 노력을 하고 있다는 긍정적인 신호를 보낸 것이고, 그 신호가 몸을 반응시켜 실제로도 좋은 결과를 만들어 내는 것이다.

규소는 건강으로 가는 보조일 뿐이다. 건강을 지키는 것은 내 자신이다. 다만 조금 더 편리하고 손쉽게 지킬 수 있도록 보조인 규소를 활용하는 것이다.

규소에 대한 긍정적인 평가를 하는 사람들도 많지만, 유사 과학쯤으로 치부하는 사람도 많다. 무엇을 믿을 것인지는 스스로 판단해야 한다.

필자는 긍정 쪽을 택했다. 실제로 효과를 증명했다. 하지만 지구 전체를 대상으로 증명한 것은 아니기에 규소가 만병통치약이라고 말할 수는 없다.

그저 인체에 무해하고, 효과가 속속 증명되기에 도전하는 것이다. 우리가 영약이라고 믿어 의심치 않은 산삼 역시 처음에는 그저 풀뿌리 취급 정도였다. 허나 그 안의 사포닌이 인간에게 큰 효과를 준다고 여러 사람들을 통해 증명됐고, 이제는 기정사실화 됐다. 규소도 마찬가지다. 이제 겨우 비밀이 한 꺼풀 벗겨졌을 뿐이다. 절대라는 말은 세상에 없다. 이것은 긍정에도 부정에도 모두 적용된다는 것을 잊지 말아야 한다.

8

우주 초기부터 자리한 규소

얼마 전 규소와 관련한 발표를 한 적이 있었다. 규소에 대해서는 따로 책 한 권을 써도 될 만큼 학술적인 내용이 풍부하다. 다만 이 책에서는 그 효능 위주로 이야기를 하다보니, 생각보다 많은 것을 뺄 수밖에 없다. 그럼에도 기원과 그 시작점에 대해서는 이야기를 하지 않을 수 없다. 우리에게 너무 흔한 이 규소가 알고 보면 우주의 시작과 그 궤를 같이하고 있기 때문이다.

규소는 인류의 역사보다도 훨씬 더 오래된, 어쩌면 우주의 역사와도 그 맥을 같이할 정도로 오랜 기간 우리 주변에 머물러왔다.

앞서 설명한 대로 규소는 기호 Si와 원자 번호 14의 화학 원소다. 청회색 금속 광택을 지닌 단단하고 부서지기 쉬운 결정질 고체이며 산소 다음으로 지구상에서 두 번째로 풍부한 원소다.

너무 풍부해서 그동안은 사실, 일부러 충족할 필요를 못 느낀 원소이기도 하다.

최근 나사NASA에 따르면 지구상 생명체의 구성 원소는 비소를 포함하여 탄소, 수소, 질소, 산소, 인, 황 이렇게 7대 원소로 구성돼 있다고 한다.

그런데 이 7대 원소를 연결시키고 생명체를 유지시켜 주는 것이 규소다.

모든 생명체의 화합물은 규소로 구성되고 만들어지는 것이다. 이는 규소의 시작점이 우주의 시작점과 맞닿아 있기 때문이다.

규소의 기원은 수소와 헬륨을 생성한 빅뱅까지 거슬러 올라가야 한다. 빅뱅 당시 가스와 먼지 구름의 중력 붕괴로 별이 형성됐고 핵융합을 통해 더 무거운 원소를 생성했다. 이후 이 별들이 결국 초신성으로 폭발했을 때 규소를 포함한 무거운 원소를 우주로 퍼뜨렸다고 학자들은 분석하고 있다.

초기 우주에는 행성과 같은 고체 물체를 형성하기에 충분한 규소가 없었다. 대신 규소와 다른 원소들이 결합하여 먼지 알갱이를 형성했고, 이는 결국 새로운 별과 행성계를 형성한 가스와 먼지 구름에 통합됐다.

지각 속에 자리잡은 규소는 주로 초기 태양계에서 이러한 먼지 알갱이의 응결에서 비롯됐다. 태양 성운이 냉각되고 응결되면서 먼지 알갱이가 서로 달라붙어 행성을 형성했고, 결국 합쳐져 행성을 형성했다. 당연히 지각의 주요 구성요소로, 질량의 약 28%를 차지한다.

이렇게 규소를 통해 합쳐지고 새로운 것들이 연결되는 데는 '규소이온'의 발생이 있기 때문이다.

규소이온은 하나 이상의 전자를 얻거나 잃어 양전하 또는 음전하 이온을 생성하는 규소 원자를 말한다. 가장 일반적인 규소이온은 안정한 전자 구성을 달성하기 위해 하나 이상의 전자를 잃은 양전하 이온 또는 양이온을 말한다.

규소 양이온은 일반적으로 석영과 장석을 비롯한 많은 광물의 주성분인 이산화규소 또는 실리카의 형태로 발견된다. 실리카가 물에 용해되면 규소 양이온을 방출할 수 있으며, 이는 다른 원소 및 화합물과 반응해 다양한 광물 및 화합물을 형성할 수 있다.

규소 양이온은 또한 일부 유기체에서 규산염 광물의 형성에 관여하기 때문에 생물학적 시스템에서도 중요한 역할을 한다. 예를 들어 조류의 일종인 규조류는 실리카를 사용해 생존에 필수적인 복잡한 세포벽을 만든다.

규소 양이온 외에도 훨씬 덜 일반적인 규소 음이온 또는 음전하 이온도 있다. 규소 음이온은 규소 원자가 전자를 얻을 때 형성될 수 있으며 일반적으로 실리사이드와 같은 특수 화합물에서 발견된다.

전반적으로 규소이온은 지질학, 생물학 및 재료 과학을 포함한 다양한 분야에서 중요한 역할을 한다. 실리콘 이온의 특성과 거동을 이해함으로써 과학자와 엔지니어는 광범위한 응용 분야에서 새로운 재료와 기술을 개발할 수 있다.

이런 규소는 인체에도 당연히 큰 영향을 주고 있다.

사람에게는 60조 개의 세포가 있고, 이 세포를 이어주는 접착제가 '규소이온'이다.

사람 몸에는 20ppm의 규소이온이 있는데, 규소가 많을수록 건강한 신체를 유지할 수 있다.

잇몸, 손톱, 발톱, 모발 등을 이루는 주요성분인 케라틴은 치아를 잡아주고 생성하는 역할을 한다. 또 세포조직을 결합하고, 피부와 각종 장기를 구성하고 있는 것은 콜라겐이다. 콜라겐은 칼슘, 인의 결합으로 뼈를 구성할 때 접착제 역할을 한다.

이 '콜라겐'과 '케라틴' 두 가지 성분의 공통점은 바로 규소가 포함되어 있다는 것이다.

실제로 규소는 주로 뼈, 연골 및 콜라겐과 같은 결합 조직에서 발견된다. 콜라겐 섬유의 가교를 촉진하고 결합 조직의 강도와 탄력을 강화해 이러한 조직의 합성 및 유지에 역할을 하는 것으로 파악되고 있다. 관련 연구에 따르면 규소는 건강한 피부, 모발 및 손톱을 유지하는 데 중요할 수 있다고 한다.

결합 조직에서의 역할 외에도 규소는 뼈 건강에도 역할을 할 수 있다. 규소 보충제는 뼈의 미네랄 밀도를 향상시키고 뼈가 약하고 부서지기 쉬운 상태인 골다공증의 위험을 줄일 수 있다고 평가된다.

다시 말해 규소는 사람에게 세포벽을 만들 뿐만 아니라 뼈, 피부, 장기, 머리카락 등을 생성하고 보호하며 유지하기 위해 필수적이라는 것이다.

여기에 한 가지 더 DNA를 비롯한 세포기관의 효소, 호르몬 등의 유기물질을 만들어 내고, 생명체의 기반이 되는 탄소. 이 탄소와 화학적으로 비슷한 원소가 규소다.

최근 과학자들은 건강한 지구, 인간의 노화 현상에 있어 규소 가치를 크게 보고 있다.

규소의 힘은 대단해서 지구의 규조류는 매년 60억 톤의 규소를 이용해 약 20%의 산소를 만들어 내고 있다. 당연히 천문학자들은 우주의 다른 행성에서도 규소를 기반으로 하는 생명체가 충분이 존재할 수 있다고 말한다. 지구에만 있는 원소가 아니기 때문이다.

규소와 관련해서는 초기에는 산업 전반에서 활용됐다. 현재는 반도체를 비롯 의학에서도 적극적으로 활용 중이다. 대표적인 것이 인공피부나 보형물, 치아의 임플란트, 인공 뼈 등이다.

특히 규소이온은 인간의 생물학적 과정에 직접 관여하지는 않지만 신체의 건강한 조직을 형성하고 유지하는 데 중요하다.

규소는 통곡물, 과일, 채소 및 물을 포함한 많은 식품에서 발견된다. 그러나 이러한 식품에 함유된 규소의 양은 토양 구성, 농업 관행 및 식품 가공 방법과 같은 요인에 따라 크게 달라질 수 있다. 결과적으로 일부 사람들은 식단에서 충분한 규소를 섭취하지 못할 수 있다. 특히 패스트푸드를 즐기는 현대인들은 이런 현상이 더욱 심하다.

그렇다고 다량이 필요한 것은 아니다. 적정량을 충분히 흡수하면 된다.

바로 이 적정량을 산출하는 것이 현대 바이오기술의 핵심이다. 잘못 만들어진 규소 보충제를 과도하게 섭취할 경우 건강에 부정적인 영향이 발생하는 것은 당연하다.

신체 내부의 높은 수준의 규소는 신장 손상 및 기타 건강 문제와 관련이 있다.

그렇기에 얼마만큼의 양을 어떤 방식으로 섭취하느냐는 매우 중요한 문제다. 자연에서 발생한 식품을 통해 섭취하는 것이 가장 이상적이지만, 그렇지 못할 경우가 많기에 건강하게 추출하고 이를 적절히 배치하는 것이 필요하다. 이런 이유로 과거부터 규소와 관련된 보충제나 보조제가 많이 시판되지 않고 있는 것이다.

9

도전하라, CEO들이여

인생을 살면서 실패하지 않을 수만 있다면 삶은 정말 안정적일 것이다. 특히 사업에 있어서 실패는 정말 많은 것을 잃어야 하기에 생각조차 하기 싫은 단어다.

필자는 주변에서 많은 실패들을 보아왔다. 아니, 주변뿐만 아니라 필자 역시 여러 번의 부침이 있었다. 한 번 한 번이 다시 만나고 싶지 않은 상황들이었으며 지금 돌아봐도 고개를 저을 정도로 깊은 상처를 남기기도 했다.

그렇다면 그 상처가 필자에게 흉터만을 남겼을까? 그것은 아니다. 실패는 다시 새로운 도전의 기회를 선사한다. 의지가 있다면 말이다.

실패는 사실 많은 것을 선사한다.

미국 실리콘밸리는 실패로부터 배우는 데 가장 적극적인 태도를 보이는 곳이다.

지난 2009년 실리콘밸리에서 탄생한 행사 '페일콘FailCon'은 이런 문화의 반증이다. 이 행사에는 창업가와 투자자, 개발자, 디자이너 등이 모여 실패 경험을 공유한다. 성공하지 못한 원인이 무엇인지 분석하고 같은 실수를 반복하지 않는 방법을 찾기 위해 토론을 벌이는 것이다.

핀란드는 10월 13일을 '실패의 날Day for Failure'로 지정했다. 기업인과 교수, 학생 등이 모여 실패 사례를 분석하고 축하하는 등 여러 가지 행사가 열린다.

지난 2017년 미국 심리학자이자 혁신 연구가 새뮤얼 웨스트가 스웨덴에 연 '실패박물관Museum of Failure'도 이런 맥락이다.

이 박물관에는 글로벌 식품기업 크래프트하인즈가 2000년도에 선보인 뒤 2006년 판매를 중단한 초록색 케첩, 프링글스가 1996년부터 1999년까지 판매한 무지방 감자칩, 구글이 개발했던 스마트 안경 구글글래스 등 시장에서 좋은 평가를 받지 못한 제품 100개 이상이 전시돼 있다. 새뮤얼 웨스트는 "발전을 위해 실패는 꼭 필요하다."고 강조한다.

일본에서는 '실패학'이라는 학문이 있다. 이 학문은 다양한 분야에 종사했던 사람이나 기업, 기관이 왜 목표를 달성하지 못했는지 원인을 찾고 거기서 배워야 할 교훈을 추출한다.

성공가도만을 달리는 기업가는 없다. 크든 작든 실패는 기업을 시작하는 순간부터 따라온다.

때에 따라서는 다시 일어설 수 없을 만큼 부서지기도 한다. 그 유명한 백종원도 사업 실패로 자살을 생각했었다고 한다.

그러니 실패했다고 고개 숙일 필요 없다. 그것은 나만의 일이 아니다. 모두가 경험하는 것이며, 모두에게 내려진 공평한 위기다.

그다음이 중요하다. 실패에서 우리가 배워야 할 것은 너무 많다. 과신과 과욕, 잘못된 판단, 섣부른 믿음, 맹목적인 희망, 근거없는 낙관 등 우리가 알게 모르게 내비쳤던 모든 얼룩들을 제대로 마주해야 한다.

그다음, 우리가 해야 할 일은 '다시 일어서는 것'이다.

카카오는 모바일 인터넷 시대의 대표적 성공신화다. 그러나 여기까지 순탄하게 온 것은 아니다. 카카오는 2006년에 '아이월랩'이라는 이름으로 설립됐다.

아이월랩은 설립 이후 첫 1년 동안은 웹서비스를 만들려고 했다. 그래서 탄생한 것이 부루닷컴buru.com이라는 소셜 북마킹 서비스다. 하지만 3개월을 넘기지 못했다. 그다음으로 위지아wisia.com라는 소셜랭킹 서비스를 만들었다. 그러나 이내 실패했다.

그때까지만 해도 아이월랩은 실패의 상징이었다. 허나 그들은 멈추지 않았다. 실패를 통해 새로운 도전을 준비했고, 묵묵히 견뎌야 할 시간들을 견뎌냈다 .

그리고 3년 뒤인 2009년 11월 아이폰이 나왔다. 아이월랩은 카카오를 런칭했다. 두 번의 실패에서 충분히 교훈을 얻은 그들은 대한민국에서 가장 빨리 아이폰에 최적화된 서비스를 만들어 냈다.

중국 성공 신화의 최고로 꼽히는 알리바바그룹도 실패를 딛고 일어선 기업이다 .

마윈 회장은 여러 번의 실패를 경험한 사람이다. 첫 번째로 창업한 영어 번역 서비스 회사가 실패했고, 이후 차이나 텔레콤China Telecom과의 합작으로 중국판 옐로페이지 컴퍼니를 창업했지만 이사회로부터 외면당했다.

이어 세 번째로 창업한 IT 회사는 공동창업자와의 비전 공유 실패로 포기했다. 마지막으로 도전한 것이 바로 알리바바다. 마윈 회장은 "알리바바의 서비스에 세 번의 창업을 통해 축적한 서비스의 핵심들을 녹여내 지금의 성공을 이룩할 수 있었다."고 인터뷰에서 항상 말한다.

그 유명한 보쉬도 실패를 숱하게 경험한 기업이다. 지금이야 굴지의 부품과 공구의 선두주자이지만 과거엔 전화기, 재봉틀, 자전거 제작 사업 등을 시도해봤다가 모조리 망했다.

여기에 세계 대공황을 겪으면서 기업의 입지는 매우 좁아졌고 1차대전이 발발하면서 글로벌 거래처들과의 관계가 순식간에 단절되기도 했다. 2차대전 때에는 군수물품을 생산하라는 나치의 압력으로 사업 자체가 흔들리기도 했다.

그러나 이런 실패는 보쉬의 맷집을 튼튼하게 해줄 뿐이었다. 많은 실패를 경험해본 근성있는 기업 보쉬에게 웬만한 어려움은 극복의 대상이었지 두려움의 대상이 아니었던 것이다.

보쉬는 실패를 피하거나 두려워하기보다는 내부 자산화하여 더 커다란 성공의 디딤돌로 삼았다. 힘들어도 오랜 시간 새로운 제품 개발에 도전했고, 넘어져도 어떤 방식으로든 일어났다. 그 엄청난 근성이 지금의 보쉬를 만든 것이다.

규소 이야기로 다시 돌아가보자. 필자가 규소 사업을 한다고 했을 때 주변에 응원하는 사람은 많지 않았다. 그냥 하던 일이나 계속하라는 이야기가 주를 이뤘다. 컨설팅은 분명 나쁜 사업은 아니었다. 하지만 미래가 밝다고 말할 수는 없었다. 과거 몇 번의 큰 실패를 겪은 필자로서는 도전해야 할 순간이 왔다고 판단했다.

그렇다. 실패 다음은 도전이 와야 한다. 실패에서 충분히 배우고 그것을 속으로 삭혔다면 그것을 펼쳐야 하는 것이다.

규소라는 아이템을 만나고 연구하고 분석하면서 필자는 지난 과거의 실패를 떠올렸다. 무엇이 내 실패의 결정적 원인이었으며, 어떤 것이 부족했는지를 몇 번이고 되짚었다.

그것을 바탕으로 새로운 회사를 창업했다. 기업인에게 있어 도전은 숙명과도 같은 것이다. 안정된 시장이란 더 이상 존재하지 않는다. 우리는 날마다 큰 파도와 맞설 준비를 하고 넥타이를 매고 있다. 오늘 살아남았다고 해서 내일이 보장되는 것도 아니다.

살아남고, 더 높이 올라가기 위해서, 자신이 꿈꾸던 이상에 도달하기 위해서는 안주할 시간이 없다. 안주한다는 것은 곧

뒤처짐을 의미한다.

지금 당신이 팔고 있는 상품이 있다면, 그다음을 바로 준비해야 한다. 기존 상품을 업그레이드하고 변화를 주도록 노력해야 한다. 그렇지 않으면 후발주자에게 바로 따라잡힌다.

넘어지는 것을 두려워하기보다 멈춰 있는 것을 더욱 두려워해야 한다.

필자에게 규소는 바로 멈춰 있을 시간이 없다는 의미다. 익숙한 것에서 벗어나 바이오산업으로 뛰어들고, 거기서 더 확장된 사업을 만들어 내는 것.

도전이 없는 삶은 두근거리지 않는 삶이다. 기업인들은 회사원이 아니다. 뒤에 따라가는 이가 아닌 앞에서 길을 여는 사람이다. 길을 연다는 것은 두려운 일이지만 설레는 일이기도 하다. 그러니 멈추지 마라. 실패를 두려워하지 마라. 일어날 수 있으면 실패가 아니다.

4장

바이오산업 미래를 여는 열쇠

1

새로운 도전

필자는 여러 사업을 거쳐왔다. 처음에는 광고 회사였고, 그다음에는 건설업과 개발사업에도 뛰어들었고, 컨설팅도 병행해왔다. 사업이란 잘 창조된 음악과도 같다. 가장 먼저 필요한 것은 '영감'이다. 무엇을 할 것인가에 대한 답부터 시작한다. 늘 하는 말이지만 성공하는 데는 정답이 없다. 다만 하지 말아야 할 것은 있다. 사업을 시작하기 전 하지 말아야 할 것은 '남이 추천하는 사업'이다. 요행히 초기에는 성공을 거둔다 하더라도 시간이 지나면 거의 대부분 실패하기 마련이다. 이유는 간단하다. 나로부터 시작하지 않았기 때문이다.

사업은 예술과도 같다. 어떤 영감이 있어야 한다. 자기 사업을 하려면 시간과 집중력이 요구된다. 이 때문에 나를 움직일 원동력이 있어야 한다. 더욱이 사업은 무엇인가를 파는 행위다. 그 파는 행위조차 단계에 따라 엄청나게 복잡하다.

따라서 온전히 필자가 거기에 집중할 수 있어야 한다. 남이 추천해준 사업은 이 과정에서 다소간 힘이 떨어지게 마련이다.

사업이란 본궤도에 오르기까지는 그야말로 매 순간이 위험하다. 작은 바람에도 전체가 흔들릴 정도로 빈약하다. 완벽히 준비했어도 그러한데, 돈만 믿고, 혹은 말만 믿고 덤빌 수는 없는 것이다. 물론 그런 사람도 없거니와, 자신이 그런 타입이라면 사업을 안 하는 것이 맞다.

영감은 아이디어와 연결된다. 필자가 '무엇을 하고 싶은가'와 '이것을 하고 싶다'는 같은 선상에 있기 때문이다.

영감을 통해 아이디어로 확대해 나가는 것. 이것이 사업의 시작이다. 나 같은 경우 오래전부터 바이오산업에 대해 관심이 있었다. 정확히는 '끌렸다'라고 말하는 것이 맞다.

바이오산업은 인류의 건강과 연결되고, 이는 곧 지속가능한 사회를 구현하는 데 바탕이 된다. 나아가 삶의 질을 향상시킬 수 있다.

사업을 함으로써 우리 사회 전반에 기여할 수 있는 것이다.

그러나 마음만 가지고는 사업을 할 수 없다. 실제로도 바이오산업에 대한 관심이 있음에도 10여 년을 속에다 품고만 있었다. 도전하기엔 준비할 것이 너무 많았기 때문이다.

처음엔 '규소'를 연구했고, 여기서 물과 환경에 대한 사안으로 옮겨 갔다. 관련 논문과 데이터를 수집하면서 점차 사업을 구체화했다. 규소를 활용한 기능성 화장품도 연구를 시작했으며, 화상 치료제, 아토피, 건선 치료제 등의 개발과 효능에도 영역을 확대했다.

다른 사업을 운영 중임에도 필요하다면 해외로 나가 관련 서적과 세미나를 들었고, 전공 교수들의 발표에도 얼굴을 내밀었다. 꽤나 오랜 시간을 자료를 모으고 방향을 그리며 바이오산업에 대한 밑그림을 그렸다.

그리고 어느 순간 필자가 가진 캔버스가 스케치로 꽉 차게 되자 비로소 사업을 위한 색을 입히게 됐다.

어떤 일이든 마찬가지다. 준비와 기초가 철저하면 위로 쌓는 것은 그렇게 많은 시간이 소요되지 않는다. 그렇게 지난 2021년 충북에서 필자는 '바이오드림텍'이라는 사업체를 열게 된다.

나의 '새로운 도전'이 시작된 것이다.

준비기간이 긴 만큼 사업 계획은 탄탄했다. 기본적인 운영비 산출부터 제품이나 서비스를 창출하는데 드는 비용까지 이미 계산이 완성돼 있었다. 사업을 하는 사람들이 명심해야 할 것 중 하는 사업의 수익성에는 엄격하게 산출된 운영비가 포함돼 있어야 한다. 생산비, 배송비, 세금, 직원 급여, 임대료 등이다. 이것은 일시적인 것을 넘어 장기적인 계획으로까지 구체화 돼야 한다.

나아가 잠재시장을 파악해야 한다. 가장 쉽게는 '내 제품을 몇 명이 사서 쓸까?'에 대한 답이 있어야 한다. 이어 '내 제품을 사기 위해 얼마큼의 비용을 지불할 수 있나?'라는 항목도 명확한 데이터가 있어야 한다. 만약 이 두 가지의 질문 중 단 하나라도 운영비보다 적다면 사업을 시작해서는 안 된다.

필자는 이런 기초적인 데이터를 두고 오래전부터 다양한 대입값을 넣어 시뮬레이션 해왔다.

사실, 바이오산업은 상당히 예전부터 국내에서 뿌리를 내렸지만, 대중화 됐다고 보기에는 무리가 있었다.

바이오산업은 '생물 자체 또는 그들이 가지는 고유의 기능을 높이거나 개량하여 자연에는 극히 미량으로 존재하는 물질을 대량으로 생산하거나 유용한 생물을 만들어내는 산업'이다.

여기에는 4가지의 기본 기술이 있는데, △생물체에서 특정한 유전 정보만을 꺼내어 생육이 빠른 미생물의 유전자에 집어넣는 유전자 재조합 기술 △세포 융합 기술 △대량 배양 기술 △바이오리액터bioreactor 기술 등이다.

현재 의약품·화학·식품·섬유 등에서 그 연구가 활발히 진행되고 있으며 의약품 제조 분야에서는 유전자 재조합 기술에 상당히 앞서 나가고 있다.

또 농업 분야나 화학 공업 분야에서 생명공학의 기초 연구가 진행되고 있어서 가까운 미래에 식량의 증산이나 화학 합성 공정의 에너지 절약화 등의 결과물을 탄생시킬 수 있다.

허나 우리가 손쉽게 접할 수 있는 일상에서 바이오산업을 경험하기는 어려웠다. 적어도 필자가 해당 산업을 구체화하던 단계에서는 그러했다.

그런데 신종 코로나바이러스 감염증(코로나19)이 터졌다. 모든 산업이 움츠러들었고 사람들의 움직임이 제한됐다.

단 한 곳 바이오산업만을 제외하고 말이다. 3년여에 걸친 팬데믹의 장기화로 바이러스, 항체, PCR, 진단키트와 같은 생소했던 단어들이 우리 일상에서 아주 친숙하게 자리 잡았다.

그동안 국내의 바이오산업은 대중에서는 다소 거리가 있지만 꾸준히 발전해 왔다. 일정 분야는 세계를 선도하고 있을 정도다. 실제로 코로나19가 전 세계로 확산하면서 K방역의 선봉인 진단키트 생산 업체들은 세계에서 가장 빨리, 가장 많은 수의 제품을 내놓았다.

주식시장도 높아진 K바이오의 위상을 반영하듯 바이오 종목에 대한 매매 열기가 뜨겁다.

또 메이저 제약 회사뿐만 아니라 바이오 벤처들도 꾸준히 신약 후보 물질의 기술 수출에 성공하고 있으며 셀트리온과 삼성바이오로직스는 글로벌 톱10 제약사와 맞설 정도로 성장했다. SK바이오팜은 독자 개발한 신약을 미국 시장에 출시하는 쾌거를 이루기도 했다.

문재인 정부 시절에는 2019년 바이오헬스산업을 반도체 등과 함께 3대 성장산업으로 키우겠다고 제시하기도 했다.

규소에서 영감을 받았던 나의 바이오산업에 대한 생각은 코로나19라는 상황을 맞이하면서 구체화 됐다. 그 결과 주변의 우려에도 불구하고 모든 대입값이 상위로 결론이 나면서 바이오드림텍에 대한 도전을 시작한 것이다.

필자가 도전한 분야는 물과 병원과 연계된 프로그램, 그리고 환경개선이었다.

아직 시작한 지 얼마 되지 않았지만 호응도는 매우 높았다. 앞서 규소 편에서 말했듯 환경개선 분야는 이미 여러 곳에서 오퍼가 들어온 상태며, 물과 관련해서도 일본 수출 등에 대한 이야기가 구체화되고 있다.

지역 병원과 연계한 힐링센터도 효과에 대한 소문을 타고 고객들의 문의가 이어진다. 당연하지만 이것은 시작에 불과하다. 바이오산업의 가치는 옆에서 볼 때는 알 수가 없다. 허나 눈치가 빠른 사람들이라면 주식시장으로 파악한다. 무엇이 우리의 미래 산업인지 말이다.

대한민국의 바이오산업

바이오드림텍의 근원은 끊임없는 도전이다. 사훈은 다른 사업에서도 필자가 늘 주장했던 대로 "뛰면서 생각하자."이다. 사업은 앉아서 하는 것이 아니다. 모든 것이 은혜롭게 주어진 타고난 거부가 아닌 이상에야 우리 같은 중소기업인들의 하루는 뛰는 것이다. 현장으로 개발실로, 투자처로, 판매처로 말이다.

코로나19가 휩쓸던 지난 3년간 바이오산업은 생각보다 발전해 왔다. 정확히는 제약·바이오·유통 등 산업 전반에서 거센 변화의 바람이 일고 있다.

바이오산업은 문재인 정부 시절부터 도약이 움텄다.

지난 2020년 온라인으로 개최한 '바이오플러스-인터펙스 코리아 2020'에서 바이오협회 서정선 회장은 "코로나 팬대믹으로 생활이 바뀌었다. 언텍트 일상화, 이른바 뉴노멀 시대가 도래했다."며 "포스트코로나의 바람에도 불구하고 코로나 이

전의 상태로 돌아가는 것은 불가능한 상황에서도, 분명한 점은 바이오산업이 부상하고 있고, 치료보다 예방 중심 정보의학 가속화되고 있다는 것"이라고 전제했다.

이어 "지난해(문재인) 정부는 바이오를 3대 미래신산업으로 발표하고 2030년까지 점유율 3배, 신규일자리 30만 개 창출 목표를 계획했다."면서 "혁신을 통해 4차 산업혁명 기반을 다진다는 의지"라고 설명했다.

서 회장은 "4차 산업혁명 본질은 민첩성으로, 민첩성은 단순 속도뿐 아니라 상황변화에 기민하게 대응하는 능력"이라며 "이를 위해서는 새싹으로 돋아난 바이오스타들이 고사하지 않아야 한다."고 강조했다.

당시 산업통상자원부 성윤모 장관 역시 "바이오산업은 10년간 눈부시게 발전해 2030년까지 연평균 4.0%의 높은 성장률로 반도체, 자동차와 우리나라 산업의 주축이 될 것으로 기대되고 있다."면서 "정부는 각국의 코로나백신 경쟁에 뒤처지지 않도록 기업연구소 지원하고, 스타트기업이 국내바이오 기업 주역으로 성장하도록 뒷받침하겠다. 바이오분야 소재부품 장비 등 전문인력양성, 규제개선도 추진하겠다."고 다짐했다.

이런 기조는 현 윤석열 정부에도 이어지고 있다. 2022년 정부는 디지털 헬스케어와 빅데이터 기반의 첨단·정밀의료의 확산을 전면에 내세우고 있다. 바이오·디지털헬스 글로벌 중심국가로 도약, 바이오 헬스 수출 규모를 2021년 257억 달러에서 2030년 600억 달러로 두 배 이상 키우겠다는 목표다.

정부는 또 내년 상반기 신종 감염병에 대비하는 백신, 혁신 신약 개발을 위해 5,000억 원 규모의 'K-바이오·백신 펀드' 조성을 본격화하고, 국회와 함께 제약바이오 '컨트롤타워'인 국무총리 직속 제약바이오혁신위원회 설치를 이끌어 내 산업 육성에 박차를 가한다는 계획이다.

빅데이터, 인공지능AI 등 첨단기술 기반의 디지털 헬스케어 도입을 위한 규제 완화 방안도 잇따라 나오고 있다.

2022년 9월 보건복지부는 의료 마이데이터 생태계 도입을 위해 '마이 헬스웨이my healthway' 시스템을 구축하고 시범 운영에 돌입했다. 흩어진 의료, 건강정보를 한데 모아 개인, 기업, 기관에 제공해 맞춤 건강관리를 돕는다는 것이다.

이어 10월에는 혁신의료기기와 혁신의료기술의 통합 평가를 골자로 한 '혁신의료기기 통합 심사·평가 제도'를 도입, 운영을 시작했다. 의료기기의 '혁신성'에 대한 인정 범위를 확대하는 한편, 신청부터 허가까지 과정을 통합 진행해 시장 진입 기간을 대폭 단축했다.

이와 함께 의사과학자 양성을 위한 범부처 협의체를 구성해 임상과 기초 의학, 공학의 융합을 꾀하고 기업발굴·상담, 인허가, 투자유치 등 바이오헬스 맞춤형 전주기 지원을 위한 보건산업혁신창업센터를 구축하기로 했다.

실제로 2025년에는 공장과 유사한 환경에서 교육을 시행하는 등 바이오 생산공정 인력양성NIBRT도 시행할 예정이다.

이른바 바이오산업의 도약기가 우리 눈앞에 펼쳐지고 있는 것이다. 물론 필자가 '코로나19로 인한 바이오산업의 부흥'을 예측한 것은 아니다. 다만 바이오산업이 미래 산업이라는 것만은 확실히 인지하고 있었다. 거대 기업처럼 각종 전염병 백신을 만들어 내지는 못하지만(아직은 그렇다) 우리 회사는 '규소'라는 물질을 통해 삶의 질을 높이는 데 집중하고 있다.

실제 바이오드림텍의 기업 정의는 "환경과 조화되는 인간의 문화를 만들어 가기 위해 자연의 화합물인 규소를 만드는 전문 기업"이다.

인류를 구원하는 엄청난 바이오산업은 아니더라도 생활에 필요한 규소로 물과 식품첨가물, 피부 개선제 등을 만들고 있다.

이를 위해 이투 캐라는 전문 브랜드를 만들고 그 안에서 마스크팩, 선미스트, 셀럼, 입욕제, 바디크림, 바디워시, 헤어샴푸 등을 생산하고 있다.

또 건강보조식품의 영역에서 먹는 물, 공진단, 법보단, 황제환, 보궁단 등을 생산하고 대기 환경정화제로 가습기 용액, 공기정화제, 미세먼지 필터 등의 다양한 제품을 개발하고 있다.

누군가가 물었다. "바이오산업이라는 것은 거대한 것 아니냐?"고.

인공지능AI은 대한민국의 미래 산업 중 하나다. 하지만 우리가 일상에서 AI를 접할 수 있는 것은 언제인가? 그 거대한 산업이 일상으로 파고드는 것은 사실 엄청난 제품을 통해서가 아니다. 작게는 아이들 장난감에서 그다음은 스마트폰, 이어 웨어러블 등으로 점차 확대해 나가는 것이다. 이 모든 것은 연결돼 있다. 작고 일상적인 기술이라고 해서 거대한 기술과 다른 미약한 것이 아니다. 규소를 통한 바이오 제품 역시 근간은 백신을 만들어내는 거대 산업과 연결돼 있다. 범위가 다를 뿐이다. 그리고 되려, 바이오산업을 이해하고 받아들이는 것은 일상적인 제품을 통해서이다.

그럼에도 필자는 바이오드림텍이 생산하는 제품을 곧바로 대중들에게 전하지 않았다. 지역의 병원에게 먼저 인정받고 거기서부터 통용시키는 전략을 짰다.

병원이 인정하는 것이야말로 제품의 가치를 가장 확실히 각인시킬 수 있는 것이기 때문이다.

과정은 지난했다. 다양한 특허신청과 자격증 구비 및 여러 시험을 통과해야 했다. 인체에 효과를 주는 것은 물론이고 조그마한 부작용까지 확인하고 또 확인해야 했다.

이 절차가 아니었다면 필자는 바이오드림텍을 좀 더 일찍 세상에 내놨을 수도 있었다.

허나 같이 일하는 여러 교수님들의 강력한 조언과 확실한 데이터를 바탕으로 한 제품 생산을 원칙으로 하겠다는 초기의 다짐이 시간을 미루게 했다.

다행히 우리는 병원의 검증을 통과했고, 지역병원과 손을 잡고 거기서부터 제품을 내놓고 있다. 실험실에서 검증한 효과는 일반 대중들에게도 발생했고, 일부는 훨씬 더 높은 결과를 일부는 낮은 결과를 보이기도 했다. 하지만 공통점은 우리가 탄생시킨 제품이 인간에게 가치가 있다는 것이다. 필자는 규소라는 물질을 바탕으로 더 많은 제품들을 생산할 예정이다. 규소가 가진 비밀은 다른 성분과 결합했을 때 더 많은 효과를 낼 수 있다는 것이다. 나에게 규소를 연구하는 것은 마치 보물섬을 탐험하는 것과 마찬가지다. 열 걸음만 더 가서 땅을 파면 무엇인가 나올 것 같은 두근거림. 현재까지 찾아낸 보물만으로도 완곡하게 표현하자면 '나쁘지 않은 상황'이지만, 어차피 꿈꿨던 목표까지는 이제 시작일 뿐이다. 사업은 미래의 지표가 있어야 숨을 쉰다. 그리고 바이오드림텍은 날마다 엄청난 숨을 몰아쉬며 성장 중이다.

3

바이오드림텍의 사명

바이오드림텍의 출발 지점은 '인류의 모든 물질은 자연으로부터 시작됐다.'는 것이다. 그리고 '모든 물질은 자연으로 안전하게 돌아가야 한다.'는 열매를 맺게 된다.

인류는 끊임없이 편의를 추구한다. 어제보다 나은 편의, 오늘보다 더 편한 내일에 대한 욕구는 수많은 제품들을 탄생시키고 저물게 한다.

우리의 일상은 편의로 가득찼지만, 그것이 우리를 이롭게만 하는 것은 아니다. 인간이 만들어낸 상당수는 온전히 자연으로 돌아가지 못한다.

문명의 이기는 인류가 뿌리 내리고 있는 자연을 위협하는 것을 넘어 위태롭게 하고 있다. 인간이 만들어낸 쓰레기를 자연이 감당할 수 없게 된 것이다.

이것은 우리에게도 큰 위험이 된다. 자연은 감당할 수 없는 상황이 될 때 모든 것을 원래대로 되돌리려는 성질이 있다. 그렇게 지구는 몇 번인가 뒤집어진 대 격변이 있었다.

바이오산업에 도전할 때 한 가지의 또 다른 목표가 있었다. 그것은 '공헌'이다.

인류가 내뱉는 잘못된 것들에 대한 '과학적 공헌'을 하고 싶었다. 그것이 폐기물을 활용한 규소 개발을 시작하게 된 동기다.

폐기물은 사실 우리 턱밑까지 위협하고 있는 눈앞의 위기다.

30년 전까지만 해도 국내 폐기물의 90% 정도는 매립이었다. 지금은 상상하기 어렵지만 1960년대엔 군자동, 상월곡동, 응암동, 염창동, 1970년대엔 방배동, 압구정동, 장안동, 구의동, 청담동이 쓰레기 매립지였다.

그러다 1990년대 초부터 매립보단 태우는 쪽으로 처리방식이 바뀌었다. 이에 2000년대는 매립 비중이 50%로 떨어졌고 2020년대는 10%를 조금 웃도는 수준이다.

그렇다고 매립이 적은 수준은 아니다. 매립량을 줄이고 줄였어도 매일 7,000t, 매년 260만t이 넘는 쓰레기가 매립지로 향한다. 일상 생활에서 발생하는 '생활계 폐기물'만 따져서 이만큼이고, 공장의 생산 라인이나 건설 현장, 병원에서 나오는 것까지 더하면 하루 매립량은 2만7,000t이나 된다.

당장 공개된 '전국 폐기물 발생 및 처리 현황' 자료만 봐도 알 수 있다. 2020년 기준으로 전체 사업장폐기물의 1%만 해도 연간 약 178만t 수준이다. 사업장폐기물은 특히 그 자체에 유해물질이 포함됐을 가능성이 크기 때문에 국토에 장기간 매립돼 있다면 사람들이 피해를 볼 수밖에 없다.

더욱이 이제 매립할 곳도 없다. 한국환경공단의 '전국 폐기물 처리업체현황'을 보면 2023~2025년 전국 공공매립지 가운데 18곳의 사용가능 기간이 끝난다.

수도권매립지를 제외하더라도 축구장 144배(약 103만㎡)만큼의 부지가 필요하다. 이 가운데 6곳은 아직 대체 매립지를 찾지 못했다.

나아가 2026년부터는 수도권의 폐기물 직매립이 금지된다. 종량제 봉투를 바로 땅에 묻는 게 불가능해진다는 의미다. 지금은 종량제 쓰레기를 자원회수시설(소각장)에 보내고 소각 용량을 초과하는 쓰레기는 바로 매립지에 묻었지만, 앞으론 그마저도 할 수 없게 된다. 2030년부터는 이 같은 방침이 전국으로 확대된다.

또 시·도는 자원순환기본법에 따라 5년마다 '자원순환 시행계획'을 수립해야 한다. 지역의 폐기물 발생량을 얼마큼 어떻게 줄일지, 재활용률을 얼마큼 높일지 등이 여기 담긴다. 2020년에 각 시·도는 1차 자원순환 시행계획(2018~2022년)을 마련했다.

그러나 미디어에서 보도된 바에 의하면 2020년 기준 16개 시·도가 배출량 목표를 지키지 못한 것으로 나왔다. 특히 전국에서 폐기물 발생량이 가장 많은 경기도는 2020년 생활계 폐기물 426만t, 전체 폐기물 2,955만t을 배출 목표로 잡았지만 실제론 30% 이상을 초과 배출했다. 전남과 대구 역시 2020년 총 폐기물 양은 목표치보다 각각 91%, 71%나 상회했다.

폐기물이 통제 불능 수준으로 늘고 있는 것이다. 대구와 인천, 광주, 경기, 충남, 경북, 세종(생활계 폐기물만 해당)은 폐기물 발생량 목표 자체를 시행계획 적용 전인 2017년보다 더 늘어 필자는 방향으로 설정했는데 그마저도 지키지 못했다.

바이오드림텍의 또 다른 주력 사업은 바로 이 폐기물이었다.

폐기물을 분류해 필요한 것을 다시 뽑아내는 것. 환경의 오염원인 방치폐기물, 하수구에서 발생되는 하수슬러지, 인간과 짐승이 배출하는 축분, 인분, 생활에서 배출하는 생활 쓰레기, 각종 산업폐기물 등을 규소로 만드는 것이다.

이를 위해 수백, 수천 번의 실험과 분석을 통해 추출할 수 있는 모든 것들을 추출했고 여기서 파생된 정화효과를 실제로 현장에 적용하기도 했다.

예를 들어 하수처리장에서 발생되는 하수슬러지는 수분 함량 80% 상태로 배출되는데, 수분 함량이 높다는 이유로 폐기물로 버려졌다.

바이오드림텍은 이렇게 버려지던 슬러지를 잘게 분해한 후 수분 함량을 대폭 줄인다. 이것만으로도 슬러지 폐기량을 80% 절감시킬 수 있다. 여기서 규소를 추출함과 동시에 남아 있는 슬러지는 보조연료 등의 다른 방향으로 재활용한다.

이미 2017년부터 여러 기업들이 이런 재활용을 연구 중이고, 또 실용화 시켜왔다. 다만 비용이 너무 비싸고 대용량만 가능해서 지자체에서 도입할 엄두가 잘 나지 않고 있는 상황이다. 일반 기업은 더욱 어렵다.

우리는 이것을 국지화, 소형화 시켜서 일상에서도 그리 어렵지 않게 적용할수 있도록 했다.

바이오드림텍이 꿈꾸는 것은 바이오산업의 일상화다. 어렵고 대단한 것이 아니라, 누구나 생각할 수 있는 것을 현실화하는 것. 다만 그 범위를 일상에 바로 적용시킬 수 있도록 하는 것. 그것이 우리가 나아가고자 하는 방향이다.

압축해서 말하자면 결국은 시각이다. 폐기물을 어떻게 바라보느냐가 인류의 미래와 직결된다.

어떤 사업체에서는 버려야 하는 폐기물이 바이오드림텍에서는 '무언가에 쓰임새가 있지 않을까'로 바뀌는 것이다. 이런 시각은 사업을 하려는 이들에게는 필수적이다. 제품을 생산하면서 발생하는 쓰레기를 재활용 자원으로 접근하는 것이 앞으로의 사업에는 필수가 된다.

현재 가치가 미미하거나 재활용이 불가능한 폐기물이라 여겼던 것도 1~2년 뒤에는 가치가 있는 것으로 평가되거나 활용 가능한 폐기물이 될 수 있기에 사업가로서는 주목해야 한다.

정 그것이 어렵다면 우리 같은 전문업체와 이야기 해보는 것도 나쁘지 않다. 좀 더 저렴한 비용으로 폐기물을 재활용화

시킬 수 있는 가장 손쉬운 방법이기 때문이다.

실제로 많은 기업들이 폐기물을 재활용하는 것에 고민하고 있다. 또 우리에게 문의를 하는 경우도 많다. 기업의 본질은 이윤 추구이지만, 기업의 사명은 인간을 편하고 행복하게 만드는 데 있다. 바이오드림텍의 사명은 여기서 한 걸음 더 나아가 인간과 자연의 조화를 끊기지 않게 하는 것이다.

자연에서 추출한 것으로 인간에게 도움이 되는 제품을 만들고, 그 제품을 생산하면서 발생한 폐기물들을 분해하고 활용해 자연에 손쉽게 녹아들게 하는 것. 이것이 십수 년 전 나에게 영감을 준 바이오산업의 시작점이며, 바이오드림텍의 첫 씨앗이기도 하다.

그런 의미에서 폐기물은 바이오드림텍에게 위기가 아니라 미래이며, 또한 풀어 나가야 할 숙제이자, 기업을 운영하는 사명이기도 하다.

4

몇 안 되는 규소 전문업체

바이오드림텍을 준비하던 당시 나를 잘 아는 이들은 "잘돼서 상장하길 바란다."고 축언했다. 허나 일부에서는 "과연 바이오산업 잘될까"라는 의문을 제기하기도 했다. 바이오산업 시장에 대한 불안감 때문이었다.

그렇다면 대한민국에서 바이오산업의 위치는 어느 정도일까.

산업통상자원부가 발표한 '2021년 국내 바이오산업 실태조사' 결과를 보면 2021년 국내 바이오산업 생산규모는 무려 20조9,983억 원이다. 이는 2020년보다 22.1% 성장한 것이다. 코로나19로 모두가 침체된 가운데 이 분야만 20%를 넘는 성장률을 기록한 것이다. 더 놀라운 것은 바이오산업은 최근 5년간 연평균 19.9%의 높은 성장세를 유지 중이라는 점이다.

바이오수출도 체외진단기기 및 바이오시밀러, 위탁생산 CMO의 지속적인 수출 증가에 힘입어 전년대비 18% 증가했고, 바이오분야 고용인력·투자규모도 전년대비 각각 6.4%,

10% 늘었다.

분야별로 바이오의약 비중이 27.8%로 가장 컸고, 바이오 의료기기 비중은 체외진단 시장의 지속적인 성장에 힘입어 2.4% 증가한 25.1%로 확대됐다. 체외진단 분야는 신종 코로나바이러스 감염증(코로나19) 영향에 전년대비 1조3,817억 원이 증가한 것으로 집계됐다.

이외에 바이오서비스(CMO 등)와 바이오화학·에너지(바이오연료 등)가 각각 전년대비 12.3%, 13.1% 증가했다.

바이오분야 수출액은 지난해 기준 11조8,589억 원으로, 전년대비 18%가 늘었는데, 체외진단 수출 증가에 따른 바이오 의료기기 수출이 39% 늘며 전체 수출 증가세를 견인했다. 바이오의약과 바이오서비스 분야 수출도 각각 전년대비 8%, 40.1% 늘었다.

바이오산업 인력 규모 성장세도 눈에 띈다. 2021년 관련 산업 종사자 수는 5만5,618명으로, 전년대비 6.4%가 늘었다. 최근 5년간 연평균 성장세도 5.5% 수준을 기록 중이다.

수치만으로 보자면 바이오산업은 대한민국의 미래 산업으로 확고히 자리잡고 있다.

이 분야에서 바이오드림텍은 규소라는 전문분야를 활용, 치료와 폐기물 처리라는 양극의 사업을 담당하고 있다.

두 분야 모두 성장이 두드러지고 있는 사업들이다.

규소는 전세계 곳곳에 널려 있고, 여기저기 안 쓰이는 곳이 없지만 수입에 많이 의존하는 광물이다. '희유금속'으로 분류되는데, 다양한 곳에 폭넓게 사용되다 보니 수급이 꼬이면 우리 일상도 타격을 입는다.

바이오드림텍은 이런 규소를 자체 생산하는 데 집중하는 몇 안 되는 국내 업체 중 하나다. 만드는 제품에 100% 생산한 규소를 쓰고 있지 않지만, 곧 그렇게 될 것을 목표로 다양하게 개발을 진행 중이다.

현재 폐기물에서 발생하는 규소는 치료 분야를 제외한 다른 분야에서 활용 중이며 분야도 국한돼 있지만, 그 범위를 확장하는 것도 충분히 고려 중이다.

그러나 꼭 수입한 규소를 쓰는 분야도 있다. 바로 물이다. 바이오드림텍이 생산하는 물은 순도 99% 이상의 천연 바이오 규소와 천연수를 용합해 만든다. 우리가 사용하는 천연수는 칼슘과 마그네슘 등 미네랄을 다량 함유하고 있다.

특히 우리가 생산하는 물의 경우 신체 필수 미네랄인 규소가 500ml 생수 기준 100mg 이상 함유돼 있다.

여러 차례 강조하지만 규소는 장기와 뼈, 뇌를 구성하는 필수 물질로 신체가 노화될수록 줄어들고, 체내 합성이 어려워져 섭취를 통해서만 보충할 수 있다.

일본규소의료협회에서는 최소 80mg의 규소 섭취가 필수적이며, 연령이 높을수록 보다 많은 섭취가 권장된다고 밝혔다. 과다 섭취된 규소는 체내 축적 없이 소변 등을 통해 몸 밖으로 배출된다.

　그동안 규소는 농축 상태의 원액을 물에 희석하는 방법으로 이용해왔으나, 건강수에 대한 대중의 관심이 높아지면서 엇비슷한 제품이 간간이 나오고 있는 상황이다.

　그중 하나가 바로 바이오드림텍에서 생산하는 생수다.

　사실 규소가 함유된 생수는 바이오산업에서 또 다른 큰 성장을 기록할 수 있는 분야다.

　그 이유로는 매일 규소가 함유된 미네랄 워터를 1L씩 마시면 알츠하이머형 치매 악화를 예방할 수 있다는 연구 결과가 나왔기 때문이다.

　알츠하이머 질환 저널에 소개된 영국 킬대 연구팀은 40~60세 치매환자 30명을 대상으로 매일 13주간 규소 35㎎이 함유된 1L의 물을 마시게 했다. 그 결과, 알루미늄 체내 농도가 50%까지 떨어진 3명의 병세가 크게 호전됐고, 나머지 환자들 역시 증세가 악화되지 않았다.

　연구팀은 "규소 성분이 알츠하이머를 유발한다고 알려진 알루미늄의 배출을 도와 치매 진행을 느리게 해준다."고 설명했다.

　규소가 몸속 곳곳에 퍼져 있는 알루미늄을 소변을 통해 배출시켜 알루미늄 체내 농도가 낮아지면, 기억 파괴 등 인지 기능 저하 현상을 완화시켜 준다는 것이다.

　연구팀을 이끈 크리스토퍼 엑슬리 교수는 "알루미늄 배출이 뇌의 인지 기능을 향상시켜 알츠하이머의 진행을 늦추거나 나아가 예방할 수 있다는 것을 보여준다."고 밝혔다.

국내의 생수 시장은 매년 10%씩 성장하고 있다. 2020년에는 1조 원을 돌파했다. 해외에서도 성장세를 유지 중이다.

아직까지는 순수 생수가 압도적인 점유율을 기록 중이다.

면역력 증가에 도움이 되는 마그네슘, 칼슘, 칼륨 등 미네랄 함량이 높은 생수 분야는 아직 신생아에 가깝다. 대기업에서 뛰어들지 않는 이유는 특허권이 복잡하게 얽혀 있고, OEM으로 싸게 발주하는 데 집중하기 때문이다.

경기 양주시 남면에 위치한 음료 공장의 경우 총 14종류의 제품을 생산하고 있다. 제품의 브랜드는 다르지만 모두 같은 수원지의 같은 물이다. 하지만 가격은 PET 2.0L, 대형마트 기준으로 최대 1.8배 차이가 나고 있다.

그리고 이렇게 한 수원지에서 여러 종류의 물을 생산하는 업체는 대부분 중소기업이다. 열악한 자본력과 조직력으로 시장진입이 어렵다 보니, 새로운 제품 개발을 할 여력이 없는 것이다.

우리 역시 박리다매 전략은 세울 수가 없다. 대기업들의 전쟁터인 편의점 생수칸을 비집고 들어가기란 보통 어려운 일이 아니다. 그래서 바이오드림텍은 물과 관련해 수출을 진행 중이다. 미네랄 워터에 대한 관심이 매우 높은 일본이 첫 번째 공략지다. 이미 일본 대학에서 생산하는 물의 품질을 검증받았고, 시장성도 높다는 분석을 손에 쥐고 있다.

사업을 하는 CEO 중 수출을 꿈꾸지 않는 사람은 드물다. 좁은 국내 시장에서 살아남기가 그만큼 힘들기 때문이다. 하지만 국내에서 인정받지 않으면 세계로 나가지 못하는 분야도 상당하고, 국내에서만 소화가 되는 분야도 많다. 바이오산업은 그 반대다. 해외에서 더욱 인정을 받고 있으며, 뚫을 수 있는 국가도 많다.

그러니 제일 처음 이 사업을 준비할 당시 우려의 눈으로 보았던 사람들에게 말해주고 싶다.

그 어떤 사업도 안정적인 시장은 없다. 다만 시장을 개척할 수 있는 사업이 있고, 개척된 시장에서 자리를 잡아야 하는 사업이 있을 뿐이다. 필자가 생각하기에 바이오산업은 아직 개척할 시장이 많은 분야다. 그리고 오늘도 바이오드림텍은 세계를 향한 항해를 준비 중이다.

5

Si 9.6의 힘

규소 생수는 일본에서 최근 각광을 받고 있는 상품이다.

일본의 규소 생수시장은 다른 생수 제품에 비해 여전히 상대적으로 작지만 뼈 건강 증진 및 알츠하이머병 위험 감소와 같은 잠재적인 건강상의 이점으로 인해 점점 관심이 높아지고 있다. 실제로 일부 일본 회사는 규소가 풍부한 물을 생산 및 판매하기 시작했으며 슈퍼마켓과 건강식품 매장에서도 찾을 수 있다.

규소 생수는 사실 생소한 것이 아니다. 과거에도 규소가 풍부한 물은 인기가 있었다.

주로 지각에서 발견되는 천연 광물인 용존 규소를 다량 함유한 물이 여기에 속하는데, 알려진 효과를 보면 상당하다.

규소가 풍부한 물을 마시면 규소 또는 이산화규소SiO_2이 소화 시스템을 통해 몸에 흡수된다. 체내에 들어가면 규소는 간, 신장, 비장 및 폐를 포함한 다양한 기관과 조직에 분포되는데 뼈, 연골 및 혈관에도 자리해 인체의 건강에 도움을 준다.

특히 규소 물은 뼈 건강에 필수적인 미네랄을 포함하고 있다. 이에 뼈 손실을 예방하고 골밀도를 높이는 데 도움이 된다. 규소 물을 마시는 것만으로 뼈 건강을 개선하고 골다공증 위험을 줄인다는 것이다.

또 중요한 효과는 알츠하이머병 위험 감소다. 일부 연구에서는 규소가 뇌의 알루미늄 축적을 줄여 알츠하이머병 발병 위험을 줄이는 데 도움이 될 수 있다고 제안하고 있다.

피부, 모발 및 손톱 건강 개선에도 탁월하다. 규소는 피부, 모발 및 손톱에 힘과 탄력을 부여하는 단백질인 콜라겐의 중요한 구성 요소다. 규소 물을 마시면 이러한 조직의 건강을 개선하는 데 효과를 볼 수 있다.

항산화 활동 증가의 이점도 있다. 규소는 자유 라디칼로 인한 손상으로부터 세포를 보호하는 데 도움이 되는 천연 항산화제다. 규소 물을 마시면 신체의 항산화 활동을 증가시키는 데 도움이 될 수 있다.

면역 기능 향상도 주목할 만한 효과다. 규소는 전반적인 면역 기능을 개선하고 감염 위험을 줄이는 데 도움이 되는 면역 강화 특성을 가지고 있다.

이런 효과를 바탕으로 필자 역시 최근 연구소와 손을 잡고 규소 생수를 개발했다.

'Si 9.6'이라는 이름의 생수다.

현재는 일정량의 생수에 규소 액기스 일부를 넣어 타 먹는 형태지만, 추후에는 더 손쉽게 복용할수 있는 제품도 개발할 예정이다.

현재까지 연구소에서 올라온 보고서에 의하면 아래와 같은 효과가 감지되고 있다.

- **혈관청소 및 혈관강화**: 'Si 9.6'은 풍부한 식이섬유로 인해 혈액에 진입할 경우 끈적하게 농축되어진 혈액을 중화시켜주고 복원시키는 역할을 한다. 또한 침투력이 강력해 혈관벽에 붙어있는 지방을 녹여 체외 밖으로 배출시켜 준다.
- **황산화 효과**: 'Si 9.6'은 체내의 활성산소를 제거하고 신체가 산화되는 것을 방지한다. 신체 내의 산성성분과 활성산소가 많으면 노화, 암, 탈모 등으로 변질되는데 이런 질병을 사전에 예방하는 데 도움을 준다.
- **면역력 증가**: 'Si 9.6'은 백혈구의 T림프구와 과립구 등의 면역세포와 공동 작업을 한다. 이는 규소의 주요 특징이기도 하다.
- **다이어트 효과**: 'Si 9.6'은 강력한 분해력으로 체내의 축척 된 중성지방과 저밀도 콜레스테롤을 분해해 체외로 배출시킨다.
- **만성피로 개선**: 피로 물질인 젖산은 산소의 부족으로 체

내에 쌓인다. 만성피로 증후군은 스트레스, 몸살기운, 무기력증, 우울증, 불면증 등을 수반한다. 이러한 피로를 풀지 않으면 심혈관계 질환으로 변질되고 모든 질병의 원인이 된다. 'Si 9.6'을 물에 희석해 음용하면 세포에 수분을 충분히 공급, 젖산을 체외로 배출시켜 주고 피로를 개선하는 데 도움을 준다.

- **자율신경조절**(조증, 조울증, 경조증): 인체의 의지와 무관하게 움직이는 자율신경계는 교감신경과 부교감신경이 있다. 이 자율신경이 균형을 잃으면 자율신경 조증(양극성장애)증상이 나타난다. 갱년기에 접어든 인체의 증상이 대부분 자율신경 조증증상으로 우울증, 두통, 현기증, 피로감, 불면증, 경련, 냉증, 발한, 변비, 설사 등을 겪을수 있다. 'Si 9.6'을 장기적으로 음용할 경우 교감신경의 과도한 흥분을 억제하고 부교감신경을 자극해 자율신경을 안정시키는 데 도움을 준다.

- **골다공증 개선**: 'SI 9.6'은 칼슘을 운반하는 화물자동차 역할을 한다. 뼈에 존재하는 콜라겐, 케라틴의 생성을 돕고 칼슘을 뼈에 공급하는 역할을 한다.

- **알러지 완화**: 'Si 9.6'은 세포조직과 혈관에 많은 양이 침투하기 때문에 세포 간 결합조직을 강화하고 도움을 준다. 이로 인한 효과는 아토피, 알레르기, 각종 피부질환 증상을 억제하는 데 도움을 준다는 것이다.

- **소염 진통효과**: 'Si 9.6'은 인체의 세포에서 발생하는 염증, 상처, 화상 등에서 세포 재생력을 발휘한다. 이는 세포간 조직을 이어주는 규소의 특성때문으로 손상된 세포 조직을 원상 회복시키는 데 기능을 발휘한다.

- **피부노화 완화**: 'Si 9.6'을 장복할 경우 피부개선에 탁월한 기능을 하고 탄력 있는 피부로 되살아나는 데 도움을 준다. 규소의 면역력 강화 특성 때문이다.

- **혈액순환 촉진**: 'Si 9.6'은 신체의 파동세포를 운동시켜 체질의 변화와 면역력의 증가, 체온상승 및 체온유지, 혈액순환의 촉진을 등을 돕는다.

- **음이온 효과**: 신체 내부에는 음이온과 양이온이 윤활유 역할을 하는데 신체 내의 음이온과 양이온의 비율보다 높아야 한다. 만약 음이온이 낮을 경우 질병이 발생할 확률이 높다. 암환자들이 산속에서 치유에 성공한 것 역시 산속의 음이온 때문이라는 분석이 힘을 얻고 있다. 이런 음이온은 황토지장수, 해양심층수, 토르말린 등에 많으며 해당 물질에는 규소가 다량 함유돼 있다.

- **안정적인 영양공급**: 'Si 9.6'은 57Hz의 초미세 물분자 입자로 강력한 침투력을 보이고 있다. 이에 세포 등에 깊숙히 침투해 인체에 필요로 하는 영양성분과 신체 내의 균형을 유지시켜주는 데 효과가 있다.

- **나트륨농도 저감효과**: 'Si 9.6'을 소금(나트륨)의 함량이

60~80%인 물에 투입했을 때 36% 이하로 소금(나트륨) 함량이 떨어지는 것을 실험을 통해 확인했다.

위의 'Si 9.6'의 효과는 사실 규소의 효과다. 'Si 9.6'는 규소와 물이 융합되고 그 효과가 소실되지 않도록 하는 데 그 능력이 있다고 해도 과언이 아니다. 순수한 수용성 규소를 추출하고 이를 인체에 해가 없는지 면밀히 분석, 실험 후 적정비율에 따른 물과의 융합을 통해 얻어진 결과다. 즉, 규소를 보다 손쉽게 필요한 양만큼을 수시로 섭취할 수 있는 게 바로 'Si 9.6'인 것이다. 현재 시판되기도 전에 전라남도 화순에서 개원하는 암 전문 요양병원의 요청으로 주요 식수로 공급 중이다. 이 역시 각종 데이터를 추출, 인상적인 결과가 도출된다면 곧바로 공개할 예정이다.

6

불법 폐기물로 눈을 돌리다

규소 연구와 별도로 필자는 오래전부터 폐기물 재활용에 대한 관심이 있었다. 폐기물에서 규소를 추출할 수 있기 때문이다. 이는 자연스럽게 매년 넘치는 폐기물을 처리하는 사업과도 연결되기 마련이다. 규소라는 아이템 하나를 통해, 폐기물 처리라는 21세기의 중요한 필수 사업으로 이어지는 것이다.

2019년 환경부 자료에 따르면 대한민국 불법 폐기물 120만 3,000t 중 현재까지 72만6,000t(60.3%) 정도만이 처리됐다.

처리된 폐기물을 보면 방치폐기물 51만1,000t(59.5%), 불법 투기 폐기물 19만2,000t(61.9%), 불법 수출 폐기물 2만3,000t (67.6%) 등이다.

당시 환경부는 불법 폐기물 전량을 연내 처리하겠다고 밝혔으나, 연말까지 90여만 t을 처리하는 것으로 수정했다.

지연된 이유는 예산이나, 관련 조례 등이 있지만 또 다른 가장 큰 것으로는 지방자치단체에서 불법 폐기물을 공공 소각·

매립시설에 반입하는 것에 대한 지역주민 반발이다. 폐기물 관련시설을 가까이 두고 싶은 주민은 없다는 것이다.

그리고 이런 악순환은 3년여가 지난 2022년에도 여전했다. 아니, 더욱 악화되고 있었다.

정부와 지방자치단체가 재건축·재개발을 적극 추진하면서, 건설폐기물들이 급증하고 있기 때문이다. 한 미디어의 보도를 보면 서울·경기·인천 등 수도권 재건축·재개발을 통해 발생하는 건설폐기물은 3,077만t으로 집계됐다.

쏟아져 나온다는 표현이 맞을 것 같은 상황인데, 이를 처리할 공간은 줄어들고 있다. 이미 5t 이상의 대형 건설폐기물은 수도권 매립지에 반입할 수 없게 돼 있고, 2025년 1월1일부터는 5톤 미만도 금지된다. 기존 폐기물에 건설폐기물까지 불법 투기·방치가 불을 보듯 뻔하다.

환경오염은 두말할 것도 없다.

방치·불법 투기 폐기물 상당량이 소각시설에 비해 질소산화물 등 배출기준이 4배 이상 높다. 처리 방법도 문제다. 이런 폐기물의 상당수가 소각을 하는데, 2차 환경피해 유발이 우려되는 시멘트 제조사들의 시멘트 소성로에서 처리되고 있다. 특히 의성폐기물 68%가 시멘트 제조사들의 시멘트 소성로에서 처리됐다는 시민단체의 주장도 있다.

2021년 소비자주권시민회의는 "2019년 전수조사 이후 2020년 말까지 확인된 방치·불법 투기 폐기물 158만2,000t

중 지난해 말까지 처리된 폐기물은 130만9,000t(82.7%)이라며, 방치·불법투기 폐기물 160만t 중 상당량이 시멘트 소성로에서 처리된 것으로 보인다."면서 폐기물 처리과정의 투명한 공개를 요구했다.

실제 시멘트 제조사들의 시멘트 소성시설은 폐기물 소각처리 시설에 비해 대기오염물질 배출기준이 현저히 약해 2차 환경피해를 유발할 수 있다.

만성 기관지염, 폐렴, 폐출혈, 폐수종의 발병원인인 '질소산화물'의 배출기준을 보면, 시멘트 소성시설은 270ppm인데 반해 폐기물 처리시설은 70ppm으로 4배 이상 차이를 보인다.

다만 시멘트 소성시설도 2015년 이후 설치되면 80ppm의 배출기준 적용을 받고 있다.

이에 더해서 불법 업자들의 횡포도 덩달아 커지고 있다.

환경부의 2022년 '폐기물 관련 사업장 및 시설 지도 점검 결과'에 따르면 전국 처리업체에서 2018~2021년 4년 동안 폐기물 처리 관련 법률 위반사항은 모두 1만8,741건이었다.

항목별로는 '불법투기'가 561건에 달했고 의무적으로 기록해야 할 폐기물 처리용량과 날짜 등을 적지 않은 '관리대장 미작성'(586건)과 '기타 사항'(8,265건), 허가를 받지 않았거나 영업정지·취소 처분에도 계속 영업을 했다가 적발된 경우(무허가처리업)도 1,181건이나 됐다.

아울러 2019년 1월~2022년 8월 적발된 전국 쓰레기산 437 곳 중 '민원 신고'로 처음 발견된 곳이 358곳(81.9%)이었다. 이 정도도 우리가 직면한 폐기물의 현실에 일부분일 따름이다.

이런 폐기물은 다른 상황에서는 또 다른 사업 아이템이 된다. 적절하고 효과적으로 처리할 수 있다면, 폐기물 처리야말로 블루오션이 되는 것이다.

나아가 폐기물을 활용해 규소 등의 유용한 물질을 추출할 수 있다면, 일석이조의 효과를 얻을 수 있는 것이다.

이런 이유로 필자는 새로운 사업 아이템 구상에서 규소를 이용한 상품 개발과 더불어 규소 추출 및 이를 활용한 폐기물 처리 사업도 동시에 구상했다.

폐기물은 생활 폐기물, 방치 폐기물, 생활 하수오니, 축산 하수오니, 공단 하수오니로 구분할 수 있다. 현재 이들에 대한 처리방법은 매립 및 소각, 방치, 건조, 퇴비 처리 등의 방식이 전부다.

대단한 것은 아니다. 이런 연구는 그동안 끊임없이 발표돼 왔고, 여러 실험을 통해 증명도 됐다. 다만 기업들이 뛰어들기엔 초기 비용과 장기간의 연구, 그리고 경제성 등의 걸림돌이 있어 현실화되는 곳이 그리 많지 않았다.

여기서 CEO는 결단을 내릴 필요가 있다. 기존의 방식을 고수해 레드오션의 한 귀퉁이를 차지하느냐, 아니면 위험부담을 안고 연구를 지속해 블루오션에 접어드느냐. 보통 이런 질문에는 후자를 택하기 마련이지만, 막상 현실을 마주하면 대부분 울며 겨자먹기로 전자를 택한다. 사업 초기의 경우는 더욱 그러하다. 안전성을 우선하기 때문이다.

하지만 레드오션은 신생기업이 발 디딜 틈이 없다. 어쩌다 운 좋게 파고들어갔다 하더라도, 버티는 것조차 힘든 상황이 허다하다.

사업을 하겠다고 마음먹은 순간부터 사실 안전한 곳은 없다. 익숙하고 오래 해온 일도 한순간에 날아가는 것이 사업이다. 그렇다면 선택권이 있다고 생각해서는 안 된다. 우리의 선택은 죽든 살든 블루오션을 개척해야 한다. 그래서 필자는 준비했다. 블루오션으로 가는 배를 만들고, 연구와 실험이라는 노를 저으며 우리가 가야 할 바다를 찾아다녔다.

그 결과 필자는 바이오드림텍에서 열을 통한 폐기물 처리를 기본으로 하되, 촉매와 동시에 사용해 폐기물은 소각하고 거기서 미네랄 스톤, 토양계량제, 건축자재 등을 추출하는 방식을 도출하는 데 성공했다. 그리고 2022년부터 지자체 등을 돌아다니며, 폐기물 처리 사업에 응했다.

이제 시작이긴 하지만, 출발은 좋다. 생각보다 빨리 영업을 수주할 수도 있었다.

친환경 기술이라는 무기가 크게 어필한 것이다.

허나 안심할 수는 없다. 우리가 살고 있는 21세기는 잠깐의 블루오션은 있을 수 있어도 생명력이 오래가지 못한다. 금세

포화상태가 되고 마는 것이다. 어부들은 많고 바다는 좁다. 잘하는 것을 잘하는 것만으로도 순항하던 시대는 이미 오래전 사라졌다. 오늘 화려하게 떠오른 기업이 내일이면 처박히는 것도 예사로 마주한다.

마치 기업을 운영하는 것은 미로를 뛰어다니는 것과 같다. 내부를 안정시키고, 시스템을 만드는 것 이외에도 새로운 먹거리를 끊임없이 개발해야 하고, 상황을 예민하게 판단해 포화상태가 되기 전 벗어나야 한다.

그래야 오늘 하루도 또 생존할수 있고, 내일을 기약할 수 있는 것이다. 안전한 곳은 없다. 정확히는 남이 만든 안전이란 없다. 필자가 만들어야 그나마 좀 버틸수 있는 것이다. 그것도 영원하지는 않다. 우리는 무한경쟁의 시대에 살고 있기 때문이다.

7

환경 정화의 새 대안(1)

인체를 유지하는 데 필수불가결한 규소는 현대에 들어 산업 등에서도 다양하게 활용되고 있다.

21세기 들어서는 컴퓨터 칩 및 기타 전자 장치에 사용되는 반도체의 핵심 구성 요소이자 기술 산업에서 중요한 요소로 자리잡고 있다.

또한 환경정화 분야에서도 놀라울 정도의 발전 속도를 보이고 있다.

현 인류 문명의 발달은 수없이 많은 생태 환경을 오염시키고 감당하기 어려울 정도로 포화상태의 쓰레기를 발생시키고 있다. 이런 쓰레기를 분해하고 다시 자연으로 돌려보내는 연구도 덩달아 활발해지고 있다. 그중 하나가 바로 규소를 이용한 방법이다.

물론 규소 자체만으로 환경오염을 방지하거나 환경정화를 할 수 있는 것은 아니다.

실제로도 처음에는 규소를 직접적으로 활용한 방법이 아닌, 간접 방법으로 환경 정화에 도움을 주도록 하는 연구가 진행됐다.

현재 가장 두드러진 분야가 바로 수질 오염 개선이다.

규소는 폐수에서 오염 물질을 제거하기 위한 수처리 기술에 다양하게 활용된다.

가장 알려진 방법이 규소 기반 멤브레인을 사용하는 것이다. 규소 기반 멤브레인은 오염된 물이 오염 물질과 불순물을 선택적으로 제거하는 멤브레인을 통과하는 멤브레인 여과라는 프로세스에 사용한다.

이러한 멤브레인은 규소 카바이드 및 이산화규소를 포함해 다양한 유형의 규소로 만들 수 있다.

규소 카바이드 멤브레인은 화학적 및 열적 열화에 대한 내성이 강해 오염도가 높은 수원을 효과적으로 처리할 수 있다. 특히 이산화규소막은 표면적이 커서 작은 입자와 유기 분자를 효과적으로 제거하는 데 탁월하다.

수처리에서 규소를 사용하는 또 다른 방법은 규소 기반 흡착제를 사용하는 것이다. 규소 기반 흡착제는 표면에 결합해 물에서 오염 물질을 제거한다. 앞선 방법보다는 직관적이다. 규소 기반 흡착제는 규소 카바이드, 실리카겔 및 활성탄을 포함해 다양한 형태의 실리콘으로 만들 수 있다.

또 규소 카바이드 흡착제는 표면적과 다공성이 높아 물에서 다양한 오염 물질을 효과적으로 제거한다. 실리카 겔 흡착제는 중금속 및 유기 오염 물질을 제거하는 데 효과적이며 규소로 만든 활성탄은 현재도 염소 및 기타 유기 화합물을 제거하는 데 사용된다.

규소의 수질 오염 정화는 녹조현상에서도 활용이 가능하다.

녹조현상은 활성산소에 의해 생긴 현상으로, 활성산소는 10,000배 정도의 활성도를 갖고 있어 생태환경 유지에 기여하지만 과할 경우 플랑크톤의 증식으로 오염의 원인이 된다.

강 등에 인과 질소 같은 영양물질이 과하게 집중 유입되거나, 물이 오랫동안 고일 경우 플랑크톤은 광합성을 하기 위해 햇빛이 잘 드는 물 표면에 떠 있는 채로 성장한다.

이로 인해 조류가 햇빛을 차단, 물속 생명체의 광합성을 방해하고 다른 물속 생명체가 산소 부족현상으로 폐사하게 되는 것이다.

이러한 수생태계 환경을 되돌리기 위해 한국에서는 최근까지 황토를 정화제로 사용했다. 그리고 이런 황토는 규소를 50~60% 정도 함유하고 있다.

다만 안타까운 것은 황토로 인한 수질오염 정화는 매우 느리다. 황토 속에 있는 규소가 음이온 반응을 나타내면서 정화하는 데는 오랜 시간이 필요하다.

이유는 무기성 화합물이기 때문이다. 자연에서 만들어진 무기성 규소는 수용성으로 변화하는 데 상당한 시간을 필요로 한다.

이에 따라 최근 규소로 인한 수질 정화는 인공적으로 만든 수용성 규소를 활용하는 데 의견이 모아지고 있다.

물론 수용성 규소 화합물은 우리 일상에서 이미 오래전부터 자리하고 있다.

수용성 규소 화합물은 규소를 함유하고 물에 용해될 수 있는 화합물이다. 이러한 화합물은 수용성 규소 또는 규소 기반 계면활성제로도 알려져 있다.

수용성 규소 화합물의 한 예는 폴리디메틸실록산PDMS으로, 실리콘 고무, 윤활제 및 코팅제 생산과 같은 다양한 산업 응용 분야에서 일반적으로 사용된다. PDMS는 물과 유기 용매 모두에 용해될 수 있는 독특한 분자 구조를 가지고 있다.

수용성 규소 화합물의 또 다른 예는 규산나트륨으로, 세제 및 기타 청소 제품에서 빌더 또는 필러로 사용되고 있다. 규산 나트륨은 경수 미네랄에 결합해 세척 과정을 방해하지 않는다.

이런 수용성 규소 화합물은 전통적인 계면활성제 및 기타 유형의 화합물에 비해 장점이 있다. 독성이 낮고 생분해성이어서 환경 친화적이다. 또한 열 안정성이 높고 화학적 분해에 대한 내성이 있어 다양한 환경에서 사용하기에 적합하다.

특히 수질오염에 사용되는 수용성 규소 화합물은 폴리실리케이트 또는 실리케이트로 알려져 있는데 이 화합물은 물에서 중금속, 인산염 및 유기 화합물과 같은 오염 물질을 제거하는 데 효과를 보이고 있다.

구체적으로는 이들 화합물이 오염된 물에 투입되면 침전이나 여과를 통해 제거할 수 있는 불용성 입자를 형성할 수 있다. 여기에 오염 물질과 결합해 수생 생물에 흡수되는 것을 방지하여 생물 축적을 방지할 수 있다.

필자는 여기에 착안해 오랜 시간 연구한 끝에 자연을 보다 빨리 원래대로 되돌리는 '백색 파우더'를 탄생시켰다.

무기성 규소를 수용성 규소로 전환하고 자원화할 수 있는 방법을 찾은 것이다. 아직 상용화하지 않고 있지만 각종 실험을 통해 수질 오염에서 탁월한 효과를 보이고 있다.

필자와 필자의 연구소가 개발한 수용성 규소 화합물을 물에 첨가하면 규산염 이온을 방출해 용해된 인산염과 반응, 불용성 입자를 형성한다.

조류는 성장을 위해 인산염에 크게 의존하기 때문에 인산염을 제거하면 성장과 번식을 크게 줄일 수 있다.

또한 수용성 규소 화합물에서 방출되는 규산염 이온은 조류 세포에 흡수돼 성장과 대사를 방해할 수도 있다. 이것은 엽록소 합성 감소, 광합성 방해, 궁극적으로 조류 세포의 죽음으로 이어진다. 녹조현상을 제어할 수 있는 것이다.

이밖에도 조류가 성장에 필수적인 빛과 영양분에 접근하는 것을 막는 물리적 장벽을 만들 수도 있다. 이것은 물속에서 조류의 성장과 증식을 더욱 감소시킬 수 있다.

전반적으로, 조류 제거를 위한 수용성 실리콘 화합물의 사용은 영양분의 가용성을 감소시키고, 대사 과정을 방해하고, 성장에 대한 물리적 장벽을 생성함으로써 조류 세포의 성장과 대사를 방해하는 원리에 기반한다.

수질오염 정화 중 가장 어려운 것이 녹조현상이다. 국내에는 많은 인공호수가 있다. 원활하게 물 흐름이 지속돼 녹조가 발생하지 않는 곳도 있지만, 대부분의 인공호수나 하천 등에서는 녹조현상으로 인한 문제점을 안고 있다. 이를 거창하게 물을 퍼내거나 물속 지면을 파내는 등의 행위를 하지 않고도 정화시킬 수 있다는 것은 주목받을 수 있는 기술이다. 실제로도 시연했을 당시 관심을 보이던 지자체도 상당했다.

8

환경 정화의 새 대안(2)

규소를 활용한 환경정화에는 대기오염도 포함된다. 물론 직접으로 규소가 대기오염 정화에 적용되는 것은 아니다. 현재로서는 정화기가 필터 등에 활용되며, 간접적으로는 인류가 기존의 유리 및 세라믹과 같은 건축 자재에 규소를 사용하면 건물의 에너지 효율을 개선할 수 있어 화석 연료 기반 냉난방 시스템의 사용빈도를 줄일 수 있는 정도다. 사실 이것만으로도 상당한 온실 가스 배출량을 줄일 수 있다. 여기에 규소 기반 전자 장치를 재활용하면 매립되는 전자 폐기물의 양을 줄이고 환경에 유해한 화학 물질이 방출되는 것을 방지할 수 있다.

일단 규소 기반 공기정화 기술은 규소 기반 소재를 필터로 사용해 공기 중의 오염물질을 제거하는 기술이다. 이는 공기의 질을 근본적으로 바꾸진 못하지만 인체에 안 좋은 오염된 대기를 걸러주는 역할을 한다. 이 기술의 원리는 규소의 화학적 및 물리적 특성을 기반으로 한다.

규소는 높은 표면적, 다공성 및 화학적 안정성과 같은 고유한 특성을 가진 화학 원소다.

이러한 특성으로 인해 공기 여과에 이상적인 소재로 최근 각광받고 있다. 공기 정화 기술에 사용되는 규소 기반 소재는 일반적으로 다공성 실리콘 또는 실리콘 나노 입자 형태다.

공기가 규소계 물질을 통과하면 공기 중의 오염물질이 규소 물질의 표면에 갇히게 된다. 재료의 다공성 구조로 인해 넓은 표면적이 공기에 노출돼 오염 물질 제거 효율이 높아지는 것이다.

규소 기반 공기 정화 기술은 기존 공기 정화 방법에 비해 몇 가지 장점이 있다. 우선 휘발성 유기 화합물VOC, 질소 산화물NOx 및 입자상 물질PM과 같은 오염 물질을 제거하는 데 더 효율적이다. 또한 규소 기반 소재를 재활용할 수 있기 때문에 보다 지속 가능한 솔루션이기도 하다.

전체적으로 규소를 이용한 대기오염 정화의 원리는 규소계 물질을 필터로 사용해 공기 중의 오염물질을 제거하는 것을 지칭한다.

우리 일상에도 이미 상당수는 적용되고 있다. 공기정화용 필터 등이 그것이다. 이런 필터는 공기청정기, 산업용 마스크 등에 활용된다.

규소는 탄화규소, 이산화규소 및 활성탄을 비롯한 다양한 필터 재료를 만드는 데 사용할 수 있고, 규소 기반 공기 필터는 미립자 물질, 가스 및 휘발성 유기 화합물을 포함해 공기에서 오염 물질을 효과적으로 제거할 수 있다.

규소 카바이드 필터는 먼지 및 연기와 같은 미세 입자상 물질을 공기에서 제거하는 데 매우 효과적이다. 해당 제품은 가정과 차량뿐만 아니라 산업용 및 상업용 공기 정화 시스템에 사용할 수 있다.

또 이산화규소 필터의 경우 공기 중의 가스 및 휘발성 유기 화합물을 제거하는 데 효과적이라고 평가받고 있다. 현재 해당 필터는 공기 청정기 및 HVAC 시스템과 같은 실내 공기 정화 시스템에 사용되기도 한다.

규소로 만든 활성탄은 공기 필터에 사용돼 공기에서 냄새 및 기타 유기 화합물을 제거할 수 있다. 공기 청정기 및 환기 시스템은 물론 마스크 및 인공 호흡기에도 사용된다.

공기 필터 외에도 규소는 자동차의 촉매 변환기와 같은 다른 공기 정화 기술에도 사용할 수 있다. 이 변환기는 실리콘 기반 촉매를 사용, 질소 산화물과 같은 유해 오염 물질을 덜 유해한 가스로 변환한다.

규소는 대기 오염 정화뿐만 아니라 대지 오염 정화에도 활용된다.

규소를 사용하는 토지 오염 정화 기술은 여러 개가 있다.

한 가지 예는 토양에서 오염 물질을 흡착하기 위해 제올라이트, 활성탄 및 실리카겔과 같은 규소 기반 물질을 사용하는 것이다.

전반적으로 토지 오염 정화를 위한 실리콘 기반 물질의 사용은 최근 몇 년간 유망한 결과를 보여줬고 계속해서 활발히 연구 영역을 넓히고 있는 중이다.

토양 오염에 대한 실리콘 기반 정화 기술은 오염된 토양에서 오염 물질을 흡수하고 제거하기 위해 규소 기반 물질을 사용하는 것을 포함한다. 이를 위해 가장 일반적으로 사용되는 규소 기반 소재는 규소와 산소로 구성된 자연 발생 화합물인 '실리카'다.

실리카 기반 물질은 중금속, 유기 화학 물질 및 방사성 물질을 포함한 다양한 토양 오염 물질을 정화하는 데 사용된다. 실리카 기반 물질을 오염된 토양과 혼합하면 오염 물질이 곧바로 실리카 입자에 결합하게 된다. 이로 인해 토양에서 오염 물질을 효과적으로 제거할 수 있게 되면 재사용도 가능하다.

특히 실리카 기반 정화 기술을 사용하는 이점 중 하나는 환경 친화적이고 독성이 없다는 것이다. 복원 공정에 사용되는 실리카 재료는 생분해성이며 유해한 잔류물을 남기지 않기 때문이다.

또 다른 장점은 실리카 기반 복원 기술을 사용해 오염된 토양을 현장에서 복원할 수 있다는 것이다. 즉, 오염된 토양을 굴착하거나 운송할 필요 없이 현장에서 복원 프로세스를 수행할 수 있다.

무엇보다 실리카 기반 정화 기술은 다른 정화 방법에 비해 상대적으로 저렴하다. 이는 실리카를 쉽게 구할 수 있고 정화 공정에 값비싼 장비나 화학 물질을 사용할 필요가 없기 때문이다.

아래는 규소를 활용한 여러 토지 정화 기술들이다.

- **졸−겔 기술**: 이 기술은 실리카로 만든 졸−겔 매트릭스를 사용해 오염된 토양에서 오염 물질을 고정하고 제거한다.
- **실리카 기반 나노물질**: 오염된 토양에서 오염 물질을 효과적으로 제거하는 데 사용할 수 있는 작은 실리카 입자를 말한다.
- **실리카 기반 코팅**: 이 코팅은 오염 물질이 토양으로 침출되는 것을 방지하기 위해 토양 표면에 적용된다.
- **실리카 기반 흡착제**: 오염 물질을 흡착하고 토양에서 제거하기 위해 토양에 첨가할 수 있는 물질이다.

종합하자면 규소는 수질, 대기, 대지 등의 오염을 정화시키는 데 다양한 방법으로 활용되며, 아직도 그 능력이 다 밝혀지지 않고 있다. 규소가 어떤 화합물과 결합했을 때 어떤 시너지를 발생시키는지 필자도 계속 고민 중이다. 현재로서는 규소 첨가 생수와 수질 오염 쪽에 집중하고 있지만, 대기와 대지 오염 정화도 연구 중이다.

바이오 산업의 기본은 연구와 실험이며, 근간은 친환경과 친인류다.

기업의 본질적인 가치도 마찬가지다. 이익의 뒷면에는 사람을 위함과 동시에 우리가 살고 있는 공통공간의 미래를 위해야 한다. 그것이 기업의 생명을 길게 하는 것이고 제품의 가치를 지속적으로 드높이는 일이다. 즉, 본질적인 목표가 올바를수록 처음은 더디지만 중간부터는 기복이 사라지게 된다. 오랜 세월 많은 기업들에게 컨설팅하며 건넸던 이 말을 지금 필자는 직접 실험하고 있는 것이다. 아직은 시도에 불과하지만, 결과는 희망적이다. 이미 많은 이들이 필자에게 문의 중이기 때문이다.

9

바이오드림텍의 친환경 기술

바이오드림텍의 폐기물 처리 방식은 유기적이고 친환경적이다.

용해, 스팀건조, 압축이라는 3가지 방식으로 폐기물을 처리하고 필요물질은 추출해낸다.

먼저 용해의 경우 1,200℃의 열을 가해 녹이는 것으로 기존 소각 매립의 문제점을 개선해 대기 수질 오염원이 발생하지 않도록 했다 .

사실 소각으로 인한 대기오염은 대부분 시멘트 공장에서 발생한다.

2007년 1월 31일 이전 설치된 시멘트 소성로가 대부분인 우리나라 시멘트 소성로의 질소산화물NOx 배출기준은 270ppm이다. 국내 소각시설 배출기준인 50ppm과 무려 5배나 넘게 차이가 난다. 심지어 중국 시멘트 소성로의 46.3ppm 보다도 허술하다. 독일 등 선진국도 약 77ppm을 허용기준으로 적용하고 있다.

'질소산화물'은 인간과 자연에 막대한 피해를 주는 '미세먼지·산성비 원인' 중 하나다. 세계보건기구WHO는 질소산화물을 1급 발암물질로 지정했으며, 만성 기관지염, 폐렴, 천식, 폐출혈, 폐수종 등 호흡기 질환의 발병원이다. 질소산화물은 온도가 높을수록 많이 배출되는데, 시멘트 소성로의 경우 고온에서 연소하기 때문에 많이 배출될 수밖에 없다.

실제 시멘트 사업장에 주로 설치되어 있는 질소산화물 오염방지시설의 효율은 대부분 40~60% 수준에 불과하다.

질소산화물 제거 효율이 90% 이상인 선택적촉매환원시설SCR 설치가 전무하고, 설치 및 운영 비용이 저렴하고 질소산화물 제거 효율이 30~70%에 불과한 선택적비촉매환원시설SNCR을 설치하는 실정이다.

시멘트 업체들은 경제성 문제, 부지부족, 기술 적용 등의 문제로 SCR 설치에 어려움이 있다고 주장한다. 나아가 자신들이 폐자원의 재활용에 나서지 않았다면 폐기물을 처리할 여력이 없어 심각한 사회 문제가 발생했을 것이라고 말한다.

환경부도 방치·불법 투기 폐기물이 늘어 소각시설에서 전량 처리할 경우 타 물량 처리를 지연시키거나, 소각비용 및 대집행비용을 상승시키는 부작용이 우려된다면서 시멘트 소성로를 통한 폐기물 처리를 지원하고 있다.

이런 상황에서 2022년 국립환경과학원은 '전기·증기 생산시설 및 폐기물 소각시설 최적가용기법 기준서'를 공개했다. 기준서는 통합환경허가 이후 사업장 시설 운영자료 등을 참고해 적용률이 미흡한 최적가용기법을 제외하고 신규기법이 반영됐으며, 2019년부터 3년간 사업장에 대한 조사를 거쳤다고 한다.

여기에는 전기·증기 생산시설 기준은 적용율 미흡 삭제, 수은·니켈·포름알데히드 등 배출수준이 보완됐다. 폐기물 소각시설 기준은 분류체계별 특성, 오염물질 배출현황, 최적가용기법 등도 변경됐다.

전기·증기 생산시설은 공통적으로 적용할 수 있는 일반분야(28개)와 공정별 특성을 고려해 기력발전(1개), 석탄가스화 복합발전(1개), 연소처리(1개), 복합발전(1개) 등 32개의 최적가용기법으로 구성된다. 폐기물 소각시설 또한 공통적으로 적용할 수 있는 일반분야(28개)와 소각시설의 특성을 고려해 소각공정선정(1개), 소각 전단계(10개), 소각단계(7개), 폐기물 종류별(11개) 등으로 57개의 최적가용기법을 제안한다.

전기·증기 생산시설은 고체연료, 고형연료, 기체연료에 대한 포름알데히드, 수은, 니켈, 질소산화물을, 폐기물 소각시설은 소각용량별로 건강영향물질 및 다량배출물질을 고려해 납, 크롬, 불소 등을 설정했다.

전기·증기 생산시설은 통합반입관리시스템 운영 등 4개 기법, 폐기물 소각시설은 바닥재 처리 시 공기배출량 저감 등 4

개 기법이 담겼다.

바이오드림텍은 이러한 새 기준까지 명확히 준수하고 있다.

두 번째 방법인 스팀건조는 폐기물의 유형에 따라 수분 함수율의 비율 5%까지 건조하는 방식이다. 이 과정은 폐기물의 부피를 최적화할 수 있다.

건조기술은 건조대상물에 존재하는 수분을 증발 또는 승화시켜 제거하는 공정기술로, 대부분의 산업용 건조기는 열원 (열풍, 스팀, 가스 및 전자기파 등의 직간접 에너지)을 이용해 수분을 증발시킨다. 건조기술은 화학, 섬유, 식품, 의약 분체, 목재, 제지, 전자 및 폐기물 처리 등 모든 산업영역의 최종제품, 중간가공품, 후처리, 저장 및 수송과정에 반드시 필요한 공정이다.

세 번째 방법은 압축이다. 이 방식은 기존의 부피를 반 이하로 축소하는 것으로 폐기물을 합리적으로 보관할 수 있다. 압축은 폐기물의 부피를 최대 1/10까지 감소시킬 수 있고 젖은 쓰레기의 중량도 35% 정도 줄인다.

또 폐기물의 밀도를 약 5배 가량 증가시킬 수 있어 운송에도 유리하다. 이는 곧 운송비 절감과 날림 방지 등의 효과를 발생한다. 나아가 매립시 안정성이 증대되고 복토 소요량도 감소한다.

또한 바이오드림텍은 이 과정에서 토양개량제, 녹조정화제, 건축 내외장재, 악취 방지제, 생태 블록, 조경 석재 등의 재활용품을 생산해낸다.

토양개량제의 경우 음식물쓰레기나 하수슬러지로 만드는데 폐기물로 만든 토양개량제는 다른 개량제와 비교해 효능이 비슷하고 가격은 저렴해 전세계적으로 상용화되고 있다.

녹조정화제 등 폐기물을 활용한 정화제 생산은 2016년부터 본격화되고 있는데, 화물 제작 시 발생하는 공정부산물(마그네시아)을 이용해 탈취나 수질을 개선하는 친환경 오염정화제 원료를 생산하는 형태다.

보통 내화물을 제조할 때는 해수에서 수산화마그네슘을 생산해 분쇄, 소성 과정을 거쳐 마그네시아카본질 벽돌, 마그네시아 벽돌, 크롬-마그네시아질 벽돌 등과 같은 정형내화물로 제조해 출하한다. 그런데 이러한 내화물 제조공정에서는 마그네슘 함량이 높은 슬래그가 필수적으로 발생된다. 여기서 수산화마그네시아를 회수해 건조, 분쇄, 유효성분(천연미네랄) 혼합기술 개발을 통해 탈취나 수질을 개선하는 오염정화제 원료로 제조할 수 있는 것이다.

이는 정화제를 만드는 여러 방법 중 하나이며 바이오드림텍은 다양한 방법을 통해 폐기물을 활용한 녹조정화제나 악취방지제 등을 생산해내고 있다.

건축내외장제, 태 블록, 조경 석재 역시 마찬가지로 다양한 기술들이 보급돼 우리 일상에서 상용화되고 있다.

이런 친환경 폐기물 처리 및 상품 생산의 장점은 바로 경제적 효율성이다.

바이오드림텍의 폐기물 처리과정을 보면 입고시 100%였던 폐기물은 압축과정에서는 50%를 줄이고, 건조과정에서는 30%, 용해과정 역시 30%를 줄이는 형태로 진행된다.

이 과정은 모두 완전한 고체 형태를 띠며, 처리하기에도 용이하게 만든다.

친환경 사업은 사실 힘들다. 손과 시간이 많이 간다. 플라스틱 제품을 하나 만들어내는 것과 그 플라스틱을 용해해 자연으로 돌려보내는 것, 어떤 것이 더 어려울지는 자명한 일이다.

굳이 이 어려운 사업으로 발길을 돌린 것은 블루오션이기도 하지만 기업의 사회적 책임도 자리했기 때문이다. 규소만 만들겠다면 사실 더 적은 비용으로도 충분하다. 허나 궁극적으로 기업의 사회의 바른 순환을 위해 노력해야 한다. 폐기물 사업이 나에겐 그런 노력이라고 말할 수 있다.

10

바이오산업의 가능성

코로나 기간 동안 우리나라의 국내 총생산 성장률은 미미했다.

특히 2022년 경제는 그야말로 예측불허였다. 러시아·우크라이나 전쟁, 코로나19 엔데믹 등에 따른 국제 정세 변화가 큰 영향을 미쳤다. 각종 원자재 가격 등이 상승하면서 전세계 어디를 막론하고 물가가 치솟았고, 이는 금리 인상으로 이어졌다. 원/달러 환율마저 급등해 이른바 3高(고물가·고금리·고환율) 시대가 도래했다.

경제 상황에 대해서도 상반기엔 많이 어려울 것이라는 게 정부의 전망이다.

기획재정부는 2022년 12월 '2023년 경제정책방향'에서 새해 실질 국내총생산GDP 성장률을 1.6%로 예상했다. IMF 외환위기가 있었던 1998년 당시 성장률이 1%로 제시됐었는데, 그 정도로 상황을 나쁘게 인식하고 있는 것이다. 한국은행 역시 새해 경제 성장률을 1.7%로 전망했다.

그 와중에도 눈부신 발전을 거듭한 분야가 있다. 바로 바이오산업이다.

실제 코로나19 국면에서 한국 바이오산업은 명실상부 보건안보의 근간이자, 국가경제에 활력을 주는 미래성장동력으로 자리매김했다.

의약품의 안정적 생산과 공급에 힘썼고, 코로나19 치료제와 백신을 자력으로 개발하는 데 성공했다. 이에 윤석열 정부는 제약바이오를 국가 핵심전략산업으로 육성하겠다는 방침을 천명하며, 산업계의 노력에 지지를 보내기도 했다.

그럼에도 당장 내일을 알 수 없는 것도 사실이다. 인플레이션과 고금리, 고환율로 경제가 위축되고 있고, 저출산에 따른 인구절벽 등 암담한 현실이 펼쳐지고 있다. 바이오산업 역시 대외 정세를 비롯해 각종 제도 및 시장 환경의 변화가 예상되고 있다.

현재 일반적으로 바이오산업이라고 했을 때 대부분은 제약과 헬스케어 분야에서 진행되고 있는 바이오의약의 성과들을 떠올리기 쉽다.

그러나 바이오는 생각보다 광범위한 개념이다. 어쩌면 산업의 분야라기보다는 패러다임으로 이해하는 것이 더 적합할 수도 있다.

기존의 거의 모든 산업은 바이오와의 접목을 통해 산업의 진화가 가능하기 때문이다.

앞서 말했듯 바이오산업은 살아있는 유기체 또는 생물 시스템인 바이오를 융합해 새롭게 창출되는 산업 전반을 의미한다.

바이오가 미래 먹거리로 떠오르는 가장 큰 이유는 인류가 직면한 고령화, 식량부족, 환경 오염 및 에너지 고갈의 문제들을 바이오를 통해 해결 가능하기 때문이다. 바이오산업은 세부적으로 나누어진다.

OECD와 EU 바이오협회의 분류체계에 따르면 레드바이오, 화이트바이오, 그린바이오로 크게 3가지로 분류한다.

붉은색 혈액을 상징하는 레드바이오는 의료 및 제약분야로 세포치료제, 항체치료제 등 바이오기술을 접목해 새롭게 개발하는 바이오신약과, 특허가 만료된 바이오의약품을 약효가 유사하게 생물학적으로 복제하는 바이오시밀러, 예방의학의 개념인 백신 등이 대표적이다.

레드바이오는 건강과 수명연장, 그리고 맞춤형 예방과 치료를 통해 의료재정의 건전화를 실현할 수 있다.

하얀색의 산업 연기를 상징하는 화이트바이오는 환경 및 에너지 분야로 생분해성 고분자를 활용한 하수처리용 미생물이나 생물자원Bio Mass을 이용한 바이오플라스틱 및 바이오에탄올과 바이오디젤 등의 바이오연료 분야가 해당된다.

화이트바이오는 현재의 석유자원에 대한 의존도를 낮추고

환경 문제 해결에 기여할 수 있다.

녹색의 농업과 식량 분야에 해당하는 그린바이오는 유전자 재조합식품GMO으로 알려진 개량종자나 건강기능식품, 친환경 농약 및 사료 첨가제 등이 포함된다.

여기에 국내에서 주목받고 있는 융합바이오의 경우 해외에서는 따로 구분하지 않고 있으며, 국내에서 새롭게 분류한 개념이다.

주로 바이오기술과 IT가 융합된 바이오전자 분야로 의료장비의 센서나 분석기기, 유전자 분석 서비스 등이 해당된다. 대중적으로 인기를 모았던 핏비트나 스마트워치 등 신체리듬을 기록하는 웨어러블 디바이스 등도 이에 해당된다.

이렇듯 바이오는 의료·제약, 농업·식품 및 IT에 이르기까지 거의 모든 산업에 걸쳐있으며, 융합을 통해 새로운 산업을 창출할 수 있는 아주 매력적인 분야라 할 수 있다.

이런 레드·그린·화이트 바이오 시장의 전망은 긍정적이지만, 극복해야 할 이슈도 있다.

먼저 비용이다. 바이오산업 가치사슬 전반에 걸친 투입 비용이 높다. 바이오산업은 특성상 매출 대비 연구개발 비중이 높은 구조이며, 바이오 의약품은 생산설비 구축 시 높은 투자 비용이 발생한다. 또 국내 바이오산업 기술력이 선도 국가에 비해 낮은 '기술 격차'가 존재하기도 한다. 여기에 바이오산업 특성상 낮은 사업화 확률을 감안하더라도 글로벌 시장에서 두

각을 나타내는 비즈니스 모델이 부족하다. 글로벌 바이오 의약품 시장의 경우 한국이 차지하는 비중은 2019년 매출 기준으로 1%에도 미치지 못하는 수준이다.

그럼에도 불구하고 바이오산업은 21세기에 더욱 성장할 것이라고 믿어 의심치 않는다. 단, 과감한 연구개발과 혁신의 노력이 바탕이 된다면 말이다.

바이오드림텍은 향후 학계, 민·관이 긴밀히 협력하는 오픈 이노베이션에 역점을 두고 협력과 소통, 융합이라는 기반을 만들어 나갈 것이다. 실제 다수의 바이오 기업들도 이러한 계획을 세우고 노력 중이다.

필자는 이미 혁신과 도전을 시작했고 소기의 성과를 거두고 있다. 이를 더욱 견고하게 하기 위해선 다양한 분야에서 협업을 이뤄야 한다.

협업 없는 기업의 성공은 불가능한 시대다. 대기업도 협업을 최우선 과제로 삼고 나아가듯 중소기업에 있어서 협업은 필수불가결한 과제다.

글로벌 사업 확장을 위한 도약도 준비 중이다. 이미 일본에는 규소를 활용한 생수 수출이 예약돼 있고, 미국 등의 진출도 고려 중이다.

바이오드림텍의 거대 국내 바이오산업처럼 신약을 만들거나, 기계를 만들어내지는 못한다. 적어도 아직은 그렇다. 허나 바이오산업의 틈새시장을 적절히 공략하며 그 덩치를 키우고 있다.

발전의 길도 무궁무진하다. 규소를 통해 폐기물 처리 사업까지 진출했듯 폐기물 사업을 통해 우리는 새로운 건축자재 사업에도 진출할 수 있다. 이 모든 것은 끊임없이 연구하고 노력했을 때 가능한 일이다.

CEO는 개발과 영업을 동시에 해야 하는 사람이다. 나아가 미래를 봐야 한다. 현실의 안정성을 꾀함과 동시에 이 현실이 언젠가 파괴되고 다른 세상이 열릴 것이라는 두려움 섞인 시각을 가져야 한다. 절대 강자가 없는 시대다. 영원할 것 같은 전통적인 사업도 무너져 내리는 시대다.

바이오산업의 가치는 엄청나지만, 멈춰있으면 금세 추월당하기 마련이다.

바이오드림텍의 간판을 내걸면서 나 스스로 다짐한 것이 있다. '절대로 멈추지 않겠다.'이다. 멈추면 끝이라는 그 다짐과 약속을 가지고 오늘도 필자는 공장과 현장을 뛰어다니며, 미래를 만들고 있는 중이다.

CEO로 산다는 것은

기업 성공과 실패의 60% 이상은 CEO가 좌우한다.

최고경영자는 조직의 목표를 설정해 조직원에 전파하고, 자원을 확보해 적절히 배분함으로써 그 목표를 달성하며, 공정한 평가와 보상을 통해 기업의 지속적인 성장을 이뤄야 하는 책무가 있다.

더욱이 세계를 무대로 한 무한경쟁의 사회, 과학기술의 혁명적 발전과 인간 존재의 혁명이 일어나 사회, 지식이 모든 것을 지배하는 지식정보 사회에서 살고 있는 우리들에겐 막중한 역할을 수행해야 하는 최고경영자는 그야말로 역량과 자질이 필요하다.

비전에 관한 능력 최고경영자가 방향을 어떻게 설정하느냐에 따라 회사 운명이 좌우된다.

실제로도 많은 CEO들과 인터뷰하면서 비전의 중요성을 절감했다.

비전이란 바람직한 미래 모습의 총칭이다.

올바른 비전을 설정할 수 있는 능력, 이를 조직 구성원에게 전파할 수 있는 능력, 마지막으로 비전을 실행에 옮기는 능력은 CEO에게 절대적으로 필요한 덕목이지만 매우 어렵다.

CEO가 여섯 번을 얘기해야 종업원이 비전을 기억한다는 말이 있을 정도로 전파도 늦다.

그러므로 비전의 실현 가능성을 높이기 위해서는 그 설정 단계에서부터 조직원이 참여할 수 있도록 해, 전체 조직원의 공통된 열망이 될 수 있도록 해야 한다.

이와 함께 내 지금 상황을 냉정하게 인식하고 현실에 입각한 경영을 할 수 있는 현실 감각도 함께 갖춰야 한다.

이것이 바로 CEO의 또 다른 능력인 '선택 결정'이다.

CEO의 하루는 선택하고 결정하는 것에서 시작해, 그것으로 끝을 맺는다.

때에 따라서는 신중한 결정이 필요하지만 대부분은 신속한 결정을 요구하게 마련이다.

경영자의 선택 결정은 다양하다. 사업영역에서, 어떤 고객에게 어떤 가치를 제공하고, 어떤 경쟁자와 시장에서 부딪쳐야 하는지부터 인재 채용, 자금 확보, 신상품 개발 등 운영에 관한 전반적인 것이 모두 CEO에서 나온다.

회사에 필요한 자원과 핵심 역량을 찾아내 키우는 것, 인력, 자금, 시간 등 한정된 자원을 적절하게 배분하는 자원배분 또한 역시 CEO의 몫이다.

당연한 말이지만 CEO가 신속하고 정확하게 정책을 결정할 수 있는 능력을 갖추기 위해서는 경영 전반에 대한 이론과 경험적 지식을 갖춰야 한다.

전략, 인사조직, 마케팅, 재무와 회계, 기술관리 등 경영 전반에 대한 전문가적 지식과 경험을 보유하고 있어야만 시행착오 없이, 짧고 긴박한 순간에 정확한 의사결정을 내릴 수 있다.

그렇기에 최고경영자에게는 강력한 실천력이 무엇보다 중요한 덕목이다.

CEO들 사이에 입지전적인 인물이 있다. 바로 서두칠 대표다.

부채비율 1,114%, 한해 500억 원이 넘는 순손실, 3,300억 원의 차입금 등 부즈앨런 앤드 해밀턴으로부터 회생 불능 판정을 받은 회사가 있었다. 이런 부실덩어리의 기업을 3년 만에 세계 최고의 경쟁력을 갖춘 알짜기업으로 회생시킨 장본인이 바로 서 대표다.

정리해고 없이 위기탈출, 임원진 365일 근무, 사원대상 경영설명회 등의 열린 경영 등으로 많이 알려진 전문경영인 서 사장은 대우전자 부사장으로 있던 1997년 말 한국전기초자가 대우그룹으로 편입되면서 서류가방 하나만을 들고 구미로 향했다.

서 대표는 아침 6시에 출근해 밤늦게까지 현장을 돌아다니며 제품·기술·자금·판매·노사·의식을 근본부터 바꿨다. 이렇게 직원들과 고락을 같이하면서 열린 경영을 통해 노사 간의 신뢰를 회복, 경영정상화를 도모했고 전 사원과 가족을 대상으로 경영현황 설명회를 실시해 회사의 경영위기까지 솔직하게 알렸다.

무엇보다 365일 현장에 상주하면서 솔선 수범과 스피드 경영을 통하여 혁신, 도약, 성공의 비전을 제시했다. 그 과정에서 의존해 오던 해외기술을 끊고 자체 기술개발에 성공하였으며 TV유리에서 컴퓨터 유리로의 제품구성의 구조조정을 추진했다.

그는 명확한 목표와 비전을 제시하면서 사원들이 움직이도록 했다.

"모든 것이 투명하고 공정할 때 직원들은 사장을 신뢰하고 그때야 비로소 시너지 효과가 날 수 있습니다. 기본에 충실하고 원칙을 존중하는 것이 가장 중요하지요."

1시간 일하고 30분 쉬던 것을 2시간 일하고 10분 쉬는 식으로 바꾸었다. 그 결과 해당 회사는 25%이던 점유율이 40%대로 뛰어올라 국내 최고가 되었다. 그리고 3년 만에 모든 것을 바꾸며 업계의 주목을 받았다.

그의 경영론은 너무나 유명하다. '공개 자료와 시기, 그리고 대상이 제한적이어서는 실효가 없다', '생산현장의 종업원에게도 사장 수준의 정보를 제공하라'는 식의 열린 경영은 물론 인간존중경영을 실천하기도 했다.

CEO가 내부 종업원과 외부 이해관계자 모두를 자신이 원하는 방향으로 끌어가기 위해서 스스로 몸을 던져 실천하는 솔선수범이 있어야 한다. 또 목표와 전략방향에 대한 강한 확신과 일에 대한 열정을 가지고 위험을 감수해야 한다.

마지막으로 기업의 핵심자원은 사람이며, 약점도 사람이다.

인적 자원을 잘 활용해 조직의 목표를 달성할 수 있는 능력이 무엇보다 CEO에게 필요하다.

종업원의 역량 배양을 위해 학습기회를 제공하고, 구성원이 기업가적 정신을 가질 수 있도록 해서 조직 안에 많은 리더를 만들어내야 한다.

조직원이 비전을 이해하고, 열성을 다해 목표를 향해 한 방향으로 매진할 수 있도록 하는 것, 살아 움직이는 생동감 있는 조직과 경쟁력 있는 조직문화를 만들어내는 것, 충분한 동기부여를 하는 것, 공정한 평가와 보상 체계를 만들어내는 것, 조직의 갈등과 변화에 대한 저항을 관리하는 것 모두 CEO가 할 일이다.

본디 이 책은 기존에 내놨던 책의 후속편으로 준비했다. 그러나 많은 시간이 지나면서 내 생각 역시 변했다. 새로운 사업을 진행하면서 직접 어떤 방식으로 사업을 구상하고 끌어가는

지를 보여주고 싶었다.

새롭게 시작하는 CEO들에게 입에 발린 이야기만을 전할 것이 아니라, 현장에서 부딪치고 느낀 이야기를 전달해주고 싶었다. 물론 필력이 부족해 제대로 전달했는지는 의문이다.

하지만 기존 사업과 새 사업을 진행하면서 틈틈이 새벽까지 글을 쓸 때는 많은 생각들이 오고 갔다.

CEO가 갖춰야 할 덕목은 많다. 그러나 요약하면 5개 정도가 된다.

△비전에 관한 능력 △의사결정 능력 △인간과 조직에 관한 능력 △네트워크에 관한 능력 △도덕성에 기초한 강력한 실천력 등이다.

필자는 이 다섯가지 항목을 가지고 늘 스스로를 평가한다. 실패 없이 사업을 진행하면 좋겠지만 세상은 그리 만만하지 않다. 분명 어딘가에서는 걸려 넘어질 것이다. 그럼에도 불구하고 다시 일어설 수 있는 것은 의지다. 이 의지의 발로는 평상시에 스스로를 단련했을 때 그 가치가 있다. 쉬지 않고 노력하라. 최선을 다해라. 그러함에도 후회가 들 수 있다. 그러니 지금 숨이 턱에 찼다고 속도를 늦춰선 안 된다. 우리가 뛰어든 길은 우리를 쉽게 해주지 않는다는 것을 명심하자.

권선복(도서출판 행복에너지 대표이사)

『멈추지 마라, 그러면 보일 것이다』는 저자인 성광모 회장이 오랫동안 축적해 온 기업 경영과 기술 개발에 대한 경험과 통찰을 담은 책입니다.

성광모 회장은 바이오드림텍㈜을 통해 규소 기술을 선도함과 동시에, 중소기업 컨설턴트로서 수많은 기업과 함께하며 그들의 성장과 위기 극복을 도와왔습니다. 그의 경험은 단순히 이론에 그치지 않고, 실제 사례를 통해 독자들에게 생생하게 전달됩니다. 이 책을 읽다 보면, 저자가 겪은 다양한 상황과 그에 대한 해결책이 어떻게 기업의 미래를 바꿀 수 있는지를 깊이 이해할 수 있습니다.

우리는 인생에서 크고 작은 위기를 맞닥뜨리곤 합니다. 그럴 때 대부분 멈춰 서거나 주저앉게 되지만, 성광모 회장은 위기를 기회로 만들기 위한 끊임없는 도전과 실천을 선택했습니다. 그의 여정은 결코 순탄하지 않았지만, 그는 "위기는 언제나 지금이다"라는 메시지를 통해 우리가 위기를 어떻게 인식하고 대처해야 하는지를 명확히 제시합니다. 이는 기업 경영에만 국한되지 않고, 개인의 삶에서도 적용될 수 있는 중요한 교훈입니다.

특히 성광모 회장은 오랜 기간 규소 기술을 연구하며 사업에서 새로운 기회를 만들어 냈고, 이를 통해 건강과 환경 문제에 대한 새로운 해결책을 제시했습니다.

또한 바이오드림텍㈜을 통해 대한민국 바이오산업의 다양한 분야(제약, 진단, 의료기기 등)에서의 혁신과 도전의 중요성을 강조합니다. 이러한 혁신은 기술적 발전에만 그치지 않고, 기업의 경영 전략과 시장 접근 방식에도 큰 영향을 미칩니다.

중소기업 CEO와 기업인들은 이 책을 통해 규소와 바이오산업의 다양한 측면을 이해하고, 자신의 사업에 적용할 수 있는 유용한 팁을 얻을 수 있을 것입니다.

기업이든 개인이든, 위기 앞에서 멈추지 않는다면 반드시 길은 열리게 마련입니다. 이 책이 여러분의 인생과 경영에 중요한 나침반이 되기를 바라며, 성광모 회장의 끊임없는 도전 정신이 독자들에게 깊은 영감을 줄 것이라 믿어 의심치 않습니다.

모쪼록 이 책을 읽는 여러분 모두에게, 행복에너지가 팡팡 팡 샘솟는 삶이 계속되길 진심으로 기원합니다.

'행복에너지'의 해피 대한민국 프로젝트!

<모교 책 보내기 운동> <군부대 책 보내기 운동>

한 권의 책은 한 사람의 인생을 바꾸는 힘을 가지고 있습니다. 한 사람의 인생이 바뀌면 한 나라의 국운이 바뀝니다. 그럼에도 불구하고 많은 학교의 도서관이 가난하며 나라를 지키는 군인들은 사회와 단절되어 자기계발을 하기 어렵습니다. 저희 행복에너지에서는 베스트셀러와 각종 기관에서 우수도서로 선정된 도서를 중심으로 <모교 책 보내기 운동>과 <군부대 책 보내기 운동>을 펼치고 있습니다. 책을 제공해 주시면 수요기관에서 감사장과 함께 기부금 영수증을 받을 수 있어 좋은 일에 따르는 적절한 세액 공제의 혜택도 뒤따르게 됩니다. 대한민국의 미래, 젊은이들에게 좋은 책을 보내주십시오. 독자 여러분의 자랑스러운 모교와 군부대에 보내진 한 권의 책은 더 크게 성장할 대한민국의 발판이 될 것입니다.